AQA French
ANSWERS & TRANSCRIPTS

A LEVEL
YEAR 2

T0346917

OXFORD
UNIVERSITY PRESS

UNIVERSITY PRESS

Great Clarendon Street, Oxford, OX2 6DP, United Kingdom

Oxford University Press is a department of the University of Oxford.
It furthers the University's objective of excellence in research,
scholarship, and education by publishing worldwide. Oxford is a
registered trade mark of Oxford University Press in the UK and in
certain other countries

British Library Cataloguing in Publication Data
Data available

978-0-19-844599-9

9 10 8

Paper used in the production of this book is a natural, recyclable
product made from wood grown in sustainable forests.
The manufacturing process conforms to the environmental
regulations of the country of origin.

Printed in Great Britain by Ashford Colour Press Ltd., Gosport

Cover photograph: mmac72/iStockphoto

Contents

1 Les aspects positifs d'une société diverse

Pour commencer (pp8–9)

1 Answers will vary.

2 **Reliez les mots (1–8) aux définitions (a–h).**

1 f 2 h 3 e 4 c 5 g 6 a 7 d 8 b

3 **Lisez le texte et notez si les phrases sont vraies (V) ou fausses (F).**

1 V 2 F 3 V 4 F 5 V

4 Answers will vary.

1.1 A: L'enrichissement dû à la mixité ethnique (pp10–11)

1a **Lisez le texte et trouvez des synonymes pour les expressions 1–8.**

1 vivante   2 indispensable   3 intégré   4 réaliser
5 modèle   6 de nos jours   7 objectif   8 conserver

1b **Complétez les phrases selon le sens du texte.**

> **Suggested answers**
>
> 1   …valoriser les apports de la mixité ethnique.
>
> 2   …la culture amérindienne.
>
> 3   …la culture anglaise, italienne, juive et grecque (et d'autres cultures aussi).
>
> 4   …d'exercer la tolérance et de valoriser les autres cultures.
>
> 5   …perdent leurs attaches avec leurs pays d'origine.
>
> 6   …permet à ses groupes minoritaires / ethniques de garder / maintenir leur langue et leur culture.

1c Answers will vary.

2a **Écoutez quatre personnes qui parlent de la mixité ethnique. Trouvez les expressions qui veulent dire…**

1   pas toujours simple
2   sans vouloir participer activement
3   on peut mieux comprendre une personne
4   par rapport à nous
5   un esprit de tolérance et d'intégration
6   une source de conflit et d'inégalité
7   quelle que soit leur origine ethnique
8   une vraie puissance mondiale

2b **Réécoutez. Reliez le début et la fin des phrases.**

1 b 2 e 3 a 4 h 5 c 6 d 7 f 8 g

> **Transcript**
>
> — Reconnaître et célébrer les bénéfices de la diversité multiculturelle n'est pas toujours simple. Je trouve que les groupes ethniques tiennent souvent à conserver leur identité culturelle sans vouloir participer activement à la vie ni refuser leur intégration. Ils souffrent de se sentir ignorés mais ils aimeraient bien faire connaître et apprécier leurs coutumes et leurs valeurs à leur nouveau pays.
>
> — Pour moi la mixité ethnique est tellement avantageuse. On peut apprendre beaucoup au sujet de la culture des autres et on peut mieux comprendre une personne si on apprécie ses différences ainsi que ses similarités par rapport à nous.
>
> — Il faut surtout favoriser le développement culturel des groupes ethniques dans notre société. Cela permet une ouverture à la diversité et un esprit de tolérance et d'intégration. Les différences entre les gens ne devraient pas être une source de conflit et d'inégalité dans les milieux sociaux et professionnels.
>
> — Il faut toujours respecter les autres et leur contribution à une vie diverse. Il faut encourager et sauvegarder l'identité culturelle de chaque individu – mais en même temps il faut collaborer avec les autres personnes, quelle que soit leur origine ethnique pour construire une société plus riche.
>
> — En France il y a beaucoup de barrières de discrimination par rapport à la religion, à l'ethnicité ou à l'endroit ou au milieu social auquel on

appartient. Le jour où tout le monde comprendra que la mixité ethnique est un avantage et non pas un handicap sera le jour où la France redeviendra une vraie puissance mondiale.

1.1 B: L'enrichissement dû à la mixité ethnique (pp12–13)

3 À l'écrit. Traduisez en français.

Suggested answers

1 Si on veut / nous voulons créer / établir une société intégrée, il faut / nous devons / nous devrions exercer / user la tolérance et le respect envers / pour les autres cultures. (…il faut que nous usions la tolérance et le respect envers / pour les autres cultures.)

2 Il n'est pas toujours simple / facile de reconnaître les avantages / bénéfices de la diversité multiculturelle.

3 Il y a trop de barrières de discrimination envers / contre les groupes ethniques.

4 On devrait toujours respecter la contribution des autres.

5 Il est important d'encourager et de protéger / sauvegarder l'identité culturelle.

4 Remplissez les blancs avec la bonne forme du verbe entre parenthèses.

1 faut 2 peut 3 voulons 4 souffrent
5 appartiennent 6 est 7 ont 8 fait

5 Traduisez en anglais les phrases de l'activité 4.

Suggested answers

1 We should / must never forget the advantages of a multicultural society.

2 We can organise festivals to promote the culture of ethnic groups.

3 If we want to integrate, we need to make an effort to understand other people better.

4 Ethnic minority groups often suffer from feelings of isolation.

5 The members of certain ethnic groups sometimes belong to disadvantaged social environments.

6 Creating a well-integrated multicultural society is not easy.

7 Ethnic groups have a tendency to set themselves apart from other people.

8 I have a friend of Greek origin who does all that he can to preserve the culture of his homeland.

6 Answers will vary.

1a Lisez le texte et répondez aux questions 1–5 en français.

Suggested answers

1 La colocation multiculturelle facilite la découverte d'une nouvelle culture.

2 On peut partager la cuisine, la musique et les autres aspects d'une culture différente.

3 Les découvertes mettent fin aux préjugés.

4 On peut se perfectionner plus facilement dans cette langue étrangère.

5 En faisant découvrir sa ville à son colocataire, on la voit d'une façon différente.

1b Traduisez en anglais le dernier paragraphe du texte (« Vivre en colocation avec un étranger… »).

Suggested answer

Sharing a house or flat with a foreigner is also an opportunity to show this foreigner / person around the town / city, and even around the country, without necessarily turning into a tourist guide. It is an opportunity, even for the native inhabitant, to see the town / city differently, through the questions and curiosity of one's housemate / flatmate / room-mate.

2a Écoutez ce blog: « Le multiculturalisme est loin d'être une source d'enrichissement et de progrès. » Notez les cinq phrases vraies.

1, 2, 4, 5, 8

2b Réécoutez le blog. Corrigez les phrases fausses de l'activité 2a.

Suggested answers

3 La majorité des sociétés multiculturelles sont le lieu de conflits insolubles.

6 Les Kabyles occupent la région de l'Atlas.

7 Les Arabes forment la minorité de la population du Maghreb.

Transcript

Le modèle multiculturel est présenté par le milieu politico-médiatique comme l'avenir inéluctable de la France et de l'Europe. Malheureusement, les faits sont souvent cruels avec les utopies. L'idéal du multiculturalisme comme progrès indiscutable n'échappe pas à la règle. Tout au contraire, il apparaît trop souvent que la majorité des sociétés multiculturelles sont le lieu de conflits insolubles plus fréquents, et plus violents qu'ailleurs.

Examinons la situation au Maghreb.

Le Maghreb se divise en deux grandes ethnies qui se partagent le territoire depuis des siècles: les Kabyles (ou Berbères) qui occupent principalement l'Atlas, et les Arabes sur le littoral.

Les Berbères sont acculturés, arabisés et islamisés. Ils constituent la grande majorité de la population, plus ou moins mélangée avec les Arabes.

Les Arabes sont les descendants d'une des vagues de migration qui datent du 7e siècle et du 11e au 13e siècles. Quoique minoritaire démographiquement, la population arabe est loin d'être négligeable.

Le résultat: les conflits permanents et la répression violente contre les Berbères.

La source de ces conflits terribles et meurtriers n'est pas à rechercher dans un hypothétique « racisme » ou dans une « intolérance » universelle. C'est bien le multiculturalisme, concept dysfonctionnel, qui est à l'origine de ces troubles.

3a **Lisez cet extrait d'un conte québécois. Cherchez les mots 1–7 dans un dictionnaire.**

> **Suggested answers**
>
> 1 disappointment   2 sweater, jumper   3 maple leaf
> 4 to knock down   5 to thrust, to push forcefully
> 6 fold (e.g. in clothing)   7 chest

3b Answers will vary.

4 Answers will vary.

1.2 A: Diversité, tolérance et respect (pp14–15)

1 **Lisez l'extrait du guide pédagogique de la campagne belge de lutte contre l'homophobie, puis remplissez les blancs avec le bon mot de la case. Attention! Il y a quatre mots de trop.**

1 condamner   2 sexe   3 identité de genre
4 transgenre   5 scolarité   6 la discrimination
7 la sexualité   8 concerne

2 **À l'écrit. Traduisez en anglais.**

> **Suggested answers**
>
> 1   Violence and bullying are a reality for lots of young people when they are thought to be homosexual / gay.
> 2   Homophobia and transphobia can take the form of / manifest themselves through violence or by discriminatory or intolerant behaviour.

3   Young people must be able to count on / rely on respect from adults: teachers and sports activity leaders / sports coaches.
4   Human rights and the International Convention on the Rights of the Child apply to all children, without discrimination / with no discrimination.

3a Answers will vary.

3b Answers will vary.

4 **Écoutez ce reportage. Choisissez la bonne réponse pour compléter les phrases.**

1 c 2 b 3 a 4 b 5 a 6 b

> **Transcript**
>
> Dans la société actuelle, les différences entre les gens ne sont pas toujours respectées. Les individus, les communautés et les services sont tous coupables de ne pas respecter la différence et de ne pas promouvoir l'égalité.
>
> La lutte contre l'inégalité n'est ni de rendre tout le monde pareil ni de traiter tout le monde de la même manière. Le caractère unique de l'individu devient inutile dans ce genre de scénario et ne sert qu'à perpétuer un manque de respect de la différence. La véritable tâche est de nous assurer que tous les gens ont les mêmes possibilités quelle que soit leur origine ou leur culture.
>
> L'inégalité est souvent liée aux facteurs suivants:
>
> Premièrement, le statut socio-économique, surtout de ceux qui vivent dans la pauvreté ou dans une communauté socio-économiquement défavorisée;
>
> Deuxièmement, l'identité sociale et le fait d'être une femme, d'être un homme, ou d'être originaire d'une communauté ethnique noire ou minoritaire, le fait d'être lesbienne ou gay, d'être jeune ou vieux, ou d'être physiquement handicapé.
>
> Les inégalités trouvent leur source dans la discrimination fondée sur les préjugés qui stigmatisent les gens. Ces préjugés reflètent les attitudes négatives envers les différences d'identité. Ils influencent ensuite non seulement les perceptions des individus, mais aussi des groupes sociaux auxquels ils appartiennent.

1.2 B: Diversité, tolérance et respect (pp16–17)

1a **Lisez cette interview avec Dominique Baudis, ancien défenseur des droits, sur les discriminations liées à l'âge. Trouvez dans le texte l'équivalent en français des expressions 1–8.**

1 particuliers   2 dossiers   3   le domaine de l'emploi
4 citer   5 locataires   6 reloger
7 frais de séjour / forfait hébergement   9 afin d'éviter

1b Relisez le texte et pour chaque phrase écrivez vrai (V),
faux (F) ou information non-donnée (ND).

1 F   2 ND   3 V   4 V   5 F   6 V   7 V   8 ND

1c Answers will vary.

2 Écoutez ce reportage sur l'âgisme. Complétez les
phrases selon ce que vous avez compris.

> **Suggested answers**
>
> 1   …la discrimination liée à l'âge d'une personne.
> 2   …les personnes âgées.
> 3   …il encourage les stéréotypes négatifs en ce
>   qui concerne les seniors.
> 4   …qu'elles étaient souvent ignorées ou
>   n'étaient pas prises au sérieux.
> 5   …quatre ans.
> 6   …la société et les représentations dans les
>   médias.
> 7   …impuissantes et inutiles.
> 8   …ont moins de possibilités de formation et
>   d'avancement que les employés plus jeunes.

Transcript

L'âgisme représente la discrimination contre une
personne ou un groupe en fonction de leur âge.
Généralement, cette discrimination est orientée envers
les personnes âgées. L'âgisme a un impact négatif sur la
diversité dans la société, car elle favorise la propagation
des stéréotypes négatifs sur les adultes d'âge moyen
ainsi que sur les personnes âgées.

Dans une étude de 84 personnes (âgées de 60 ans et plus)
31% d'entre elles ont dit que trop souvent elles n'étaient
pas prises au sérieux ou étaient même ignorées en raison
de leur âge. En fait, dès l'âge de quatre ans, les enfants
peuvent assimiler les stéréotypes d'âge. Ces stéréotypes
sont renforcés tout au long de la vie par la société et les
médias et les personnes âgées sont souvent dépeintes
comme impuissantes et improductives.

L'âgisme affecte également la diversité dans le milieu
du travail et mène à la discrimination à l'embauche.
La recherche démontre que les employés de plus de
40 ans reçoivent moins de possibilités de formation et
d'avancement par rapport à leurs collègues plus jeunes.

3 Traduisez en français.

> **Suggested answer**
>
> La proportion de seniors / personnes âgées en
> France / dans la population française augmentera
> au cours des prochaines décennies / dans les
> prochaines décennies. Certains disent que / Pour
> certains, ce phénomène aura des conséquences
> négatives pour / un effet négatif sur les personnes
> plus jeunes qui devront s'occuper / prendre soin
> d'une population importante de personnes âgées.
> Pour autant, la diversité d'âge continuera d'être
> quelque chose de positif pour la société dans son
> ensemble.

4 Answers will vary.

1.3 A: Diversité – un apprentissage pour la vie (pp18–19)

1 Lisez ces deux témoignages. Indiquez les phrases qui
sont vraies.

Meryem: b, d, e   Jérôme: a, d

2 Traduisez le texte en français.

> **Suggested answer**
>
> Nous devrions accepter / Il faudrait que nous
> acceptions les autres avec du respect et de la
> tolérance. Nous devrions nous rappeler / Il faudrait
> que nous nous rappelions que nous sommes tous
> uniques. Dans un monde idéal, les personnes
> handicapées pourraient travailler aux mêmes
> emplois que les autres sans être isolées. Aucun
> préjugé ne serait attaché à l'orientation sexuelle
> ou à l'âge d'une personne. Les groupes ethniques
> vivraient / habiteraient ensemble sans conflit et
> nous pourrions enfin célébrer une société vraiment
> diverse.

3a Écoutez la première partie de ce reportage. Choisissez
la bonne réponse.

1 c   2 a   3 c   4 b   5 a

Transcript

La discussion sur la diversité met souvent l'accent sur
le sexe et la race. En revanche, il y a très peu d'attention
accordée aux personnes handicapées qui représentent la
plus grande minorité en France et même dans le monde.
Ajoutons aussi que c'est le seul groupe minoritaire auquel
toute personne pourrait appartenir avec 20% de chances
de devenir invalide à un certain moment au cours de la
vie active.

L'Hexagone compte 5 millions de personnes en situation de handicap. 42% de la population française déclarent être affectés d'au moins une déficience, 21% disent avoir au moins une incapacité et 9% doivent recourir à une aide personnelle régulière pour accomplir des actes de la vie quotidienne et participer à la vie sociale et culturelle.

3b **Écoutez la deuxième partie du reportage. Répondez aux questions en français.**

Suggested answers

1   en 2005 (le 11 février 2005)

2   Le handicap n'est pas unique à un groupe spécifique racial ou sexuel et peut affecter n'importe qui dans la société.

3   Il faut accepter, connaître et reconnaître l'autre sans biais ou préjugé ou représentation négative.

4   Chaque individu est unique.

5   Cela veut dire comprendre l'autre et aller au-delà de la simple tolérance.

Transcript

Malgré la loi du 11 février 2005 visant à favoriser l'intégration des personnes handicapées, le chemin à parcourir est encore long pour qu'elles puissent choisir, décider et prendre toute leur place dans la société. N'oublions pas que les personnes handicapées appartiennent à tous les groupes raciaux, sexuels, socio-éducatifs, socio-économiques, et à toutes les lignes organisationnelles.

Accepter, connaître et reconnaître l'autre, hors des regards biaisés par les préjugés ou les représentations négatives, sont les étapes qui fondent le vrai « vivre-ensemble ».

Le concept de diversité englobe l'acceptation et le respect. Il faut se rappeler que chaque individu est unique, en reconnaissant nos différences individuelles, en explorant ces différences dans un environnement sûr, positif et stimulant. Vivre vraiment ensemble veut dire comprendre l'autre et aller au-delà de la simple tolérance pour embrasser et célébrer les dimensions riches de la diversité contenue dans chaque individu.

4 Answers will vary.

1.3 B: Diversité – un apprentissage pour la vie (pp20–21)

1 **Lisez le texte et pour chaque phrase écrivez vrai (V), faux (F) ou information non-donnée (ND).**

1 V   2 V   3 F   4 F   5 ND   6 V   7 V   8 V

2a **Lisez les opinions. Pour une opinion positive, notez P. Pour une opinion négative, notez N. Pour une opinion positive et négative, notez P + N.**

1 P   2 P + N   3 N   4 P   5 P

2b Answers will vary.

3 **Écoutez ce reportage sur « L'école multiculturelle ». Répondez aux questions en français.**

Suggested answers

1   de créer des citoyens de l'État-nation

2   Le mouvement a apporté un changement de vue concernant les cultures minoritaires au niveau scolaire.

3   l'espoir d'une éducation multiculturelle qui accepterait toute personne en dépit de son origine

4   L'Unesco a proposé la valorisation des apports positifs des groupes ethniques et des migrants.

5   Le Conseil de l'Europe a voulu valoriser en plus la culture des enfants du voyage.

Transcript

D'un point de vue historique, les cultures des élèves n'étaient pas les bienvenues dans l'école obligatoire occidentale de la deuxième moitié du 19e siècle. Les préoccupations de l'époque étaient centrées sur l'impératif de scolariser tous les élèves, au-delà de leurs appartenances culturelles ou régionales, pour en faire des citoyens à part entière de l'État-nation. Ainsi, les cultures particulières des élèves devaient progressivement s'effacer pour laisser la place à une culture nationale unitaire.

Ce monoculturalisme initial de l'école a été contesté de manière diverse et spécifique selon les contextes nationaux. En effet, le mouvement des droits civiques a été à l'origine du changement radical de posture de l'école en ce qui concerne les cultures minoritaires. Le combat de Martin Luther King et son fameux discours « I Have a Dream » du 28 août 1963 illustrent bien l'espoir de connaître une éducation multiculturelle qui briserait les barrières ethnoculturelles.

La deuxième contestation du monoculturalisme de l'école est venue des organisations internationales. Ainsi, l'Unesco a appelé, dès le début des années cinquante, les États membres à valoriser l'apport positif à l'école de tous les groupes ethniques et des migrants. Par ailleurs, le Conseil de l'Europe, au moins en ce qui concerne l'espace européen, a joué un rôle clé par le biais de recommandations aux États membres allant dans le sens de la valorisation de la culture des élèves migrants ou de celle des enfants du voyage comme les Tziganes et les Roms.

4a Lisez la suite du reportage. Trouvez dans le texte l'équivalent en français des expressions 1–4.

1 légitimation
2 à l'heure actuelle
3 une ouverture d'opportunités
4 dans l'espace politique

4b Traduisez en anglais le dernier paragraphe du texte (« Par ailleurs… »).

Suggested answer

Moreover, globalisation and the socio-economic inequalities that accompany it seem to fuel the rise to power of nationalist and xenophobic movements in many parts of the world. Furthermore, taking into account international terrorism and currently prevalent attitudes, particularly against Muslims, valuing cultural diversity remains limited despite good legislative and institutional intentions.

5 Answers will vary.

Résumé: Démontrez ce que vous avez appris! (p22)

1 Reliez les expressions 1–10 aux explications a–j.

1 e   2 a   3 i   4 j   5 b   6 g   7 d   8 c   9 f   10 h

2 Reliez le début et la fin des phrases.

1 d   2 h   3 a   4 g   5 c   6 f   7 b   8 e

3 Answers will vary.

4 Remplissez les blancs avec la bonne forme du verbe donné entre parenthèses, au présent, au futur ou au conditionnel.

1 faut   2 aurait   3 considère   4 devons   5 vivrons
6 luttent   7 travailleraient   8 peux   9 sera   10 existe

Résumé: Testez-vous! (pp23–25)

1a Lisez le texte. Choisissez les quatre phrases qui sont vraies.

1, 2, 6, 7

1b Answers will vary.

2a Écoutez ce témoignage qui parle de l'égalité et de la diversité. Essayez de répondre le plus directement possible aux questions et d'écrire des réponses concises. Il n'est pas toujours nécessaire de faire des phrases complètes.

Suggested answers

1 le fait que les mots « égalité » et « diversité » sont souvent utilisés de façon interchangeable

2 car chaque individu a des besoins uniques / et accédera aux mêmes résultats par des moyens différents

3 son origine culturelle / ou son appartenance à une certaine caractéristique personnelle

4 On se concentre trop souvent sur les différences entre les gens.

5 On devrait mettre l'accent sur les points communs des gens / et cela créera une société plus inclusive et solidaire.

2b Answers will vary.

Transcript

Les termes « égalité » et « diversité » sont parfois utilisés de façon interchangeable, cependant les deux mots ne veulent pas dire la même chose. L'égalité, c'est traiter tout le monde de façon équitable et lui donner une chance équitable pour accéder à des opportunités. Cela ne veut pas dire traiter tout le monde de la même façon, car chaque individu peut bien avoir des besoins différents pour atteindre les mêmes résultats. La diversité signifie la « différence ». On emploie parfois ce mot dans le même contexte que « l'égalité » afin de reconnaître et de valoriser l'individu ainsi que ses différences par rapport au groupe. Cela signifie également valoriser une personne à la suite de son appartenance à une certaine caractéristique personnelle protégée ou à son origine culturelle.

Ce qui est problématique, c'est qu'il me semble que nous nous concentrons parfois trop sur nos différences et que nous mettons de côté ce que nous avons en commun. Je pense que si on mettait plutôt l'accent sur les points communs, on créerait une société plus inclusive et solidaire.

3 Traduisez en français.

Suggested answer

Une société diverse accepte les différences uniques entre les êtres humains. La diversité inclut l'apparence physique, la croyance religieuse et la race ainsi que les opinions et les pensées. Nous pouvons apprendre beaucoup des gens qui ont des expériences et des perspectives différentes. La recherche démontre que les préjugés et le mépris sont les causes principales de la discrimination. L'encouragement de la diversité apporte des bénéfices à la société alors nous ne devrions pas la craindre.

4 Answers will vary.

5a Lisez le texte « 48H pour un tour du monde des cultures ». Identifiez dans le texte des synonymes pour les expressions 1–10.

1 exceptionnel   2 à travers   3 amateurs   4 conviés
5 au sein   6 certains   7 fruit   8 spécialement
9 partenaires   10 vivantes

5b Relisez le texte. Essayez de répondre le plus directement possible aux questions et d'écrire des réponses concises. Il n'est pas toujours nécessaire de faire des phrases complètes.

1   à Aubagne en Provence
2   de promouvoir la diversité culturelle / en passant par 35 cultures du monde
3   la diversité de la Provence / et la diversité du monde
4   Il a fallu des mois de préparation.
5   par les associations culturelles / et dans des ateliers créés spécialement pour le festival

5c Traduisez en anglais le dernier paragraphe du texte (« Vous êtes invités… »).

Suggested answer

You are invited to join (with) the artists to sing and dance together. *Le Monde est chez nous* / 'The world is with us' is not just another festival but an unprecedented cultural encounter / meeting: the opportunity to bring us together to recognise and celebrate our uniqueness as well as our kinship. It is an invitation to sing aloud all together that diversity is not a problem but a joy!

6 Answers will vary.

7 Remplissez les blancs avec le bon mot de la liste.

1 loi   2 diversité   3 reconnus   4 aujourd'hui
5 nouvelles   6 formes   7 églises   8 intégrante
9 pays   10 musulmans   11 plus   12 coexistent

8 Answers will vary.

2 Quelle vie pour les marginalisés?

Pour commencer (p29)

1 L'exclusion sociale peut toucher n'importe qui mais certains groupes sont surreprésentés. Reliez les expressions (1–9) aux définitions (a–i).

1 g 2 i 3 a 4 b 5 f 6 c 7 e 8 d 9 h

2 Lisez le texte et pour chaque phrase écrivez vrai (V) ou faux (F).

1 V 2 F 3 F 4 F 5 V 6 F

3 Answers will vary.

2.1 A: Qui sont les marginalisés? (pp30–31)

1 Regardez la liste d'adjectifs. Lesquels associez-vous à la vie d'un sans-abri?

Suggested answers

démuni(e), ignoré(e), seul(e), vulnérable

2a Lisez le texte « Les nouveaux marginaux » et répondez aux questions en français.

Suggested answers

1   place Sainte-Anne, sur les marches de l'église Saint-Aubin
2   Ils peuvent voir les passants sortir du métro et les dealers attendre le client.
3   celle d'être une terre d'accueil
4   La population des marginaux a sensiblement évolué.
5   C'étaient des « clochards » qui avaient connu une vie structurée autour d'une famille et d'un travail. Puis, sous l'effet de l'alcool, d'un divorce ou d'un licenciement, ils ont tout perdu et se sont retrouvés seuls et démunis.
6   Ils sont de plus en plus jeunes. Il y a un plus grand nombre de filles. Ils n'ont jamais connu de vie structurée dite « normale ». Ils n'ont pas honte de leur mode de vie et le revendiquent comme un choix.

2b Traduisez en anglais le troisième paragraphe (« En effet … une déchéance »).

> **Suggested answer**
>
> Indeed / In fact, the typical journey of these dropouts has changed. 'About ten years ago, homeless people were more like tramps,' reveals Michel Bouvier from the community social action association in Rennes. 'They had known a life organised around family and work. Then, as a result of alcohol, divorce or redundancy, not always in the same order, they lost everything and found themselves alone and destitute. At the time, these homeless people used to see their situation as one of decline.'

3a Écoutez les témoignages de deux sans-abri. Choisissez la bonne réponse.

1 a 2 b 3 a 4 c 5 c 6 a

3b Answers will vary.

Transcript

— Pour mieux comprendre la situation des SDF, je suis allée à la rencontre de deux sans-abri qui vivent dans les rues de Paris. Ils m'ont parlé facilement, heureux de pouvoir se confier, d'être écoutés. D'abord, j'ai écouté Romain, un jeune homme de 27 ans qui vit seul dans la rue depuis septembre dernier.

— Ce qui m'a amené ici, c'est d'abord la perte de mon emploi d'ouvrier, puis le départ de ma femme avec nos trois enfants.

— Assis par terre à l'entrée d'une grande brasserie, Romain voit passer des centaines de personnes chaque jour. La plupart de ces passants l'ignorent.

— Souvent, les gens sont mal à l'aise, ils ont des regards gênés. Je sens qu'ils voudraient donner quelque chose, mais ils n'osent pas. Je crois qu'ils ont peur. J'en vois aussi beaucoup qui ont l'air de se poser des questions: pourquoi il est là? Pourquoi il fait ça? Je voudrais, moi, qu'ils viennent me le demander, je leur expliquerais, calmement. Ce qui me réchauffe le plus le cœur, c'est pas les pièces: c'est les sourires et les « Bonjour! », « Bonne journée! ». Je n'accoste pas les passants, parce que je sais que ça dérange et que ça peut effrayer. Je ne veux pas les gêner, je suis déjà assez honteux comme ça.

— Et puis, nous avons rencontré Slimane, un homme de 45 ans qui vit dans les rues du huitième arrondissement. Il s'est installé à côté d'une banque, dans un sac-poubelle qui lui recouvre les jambes. En plus d'une heure, aucun passant ne le remarquera, caché sous son chapeau.

— Je ne mendie pas, moi. J'ai juste un gobelet là, devant, et c'est vrai, j'avoue, des fois je mets quelques pièces dedans, pour montrer. Mais les

gens, ils font ce qu'ils veulent. S'ils veulent donner, c'est bien. Moi, je ne les oblige pas.

— Et si les gens parlent à Slimane? Ou préfèrent-ils le côtoyer sans rien dire?

— C'est rare qu'on me parle. De quoi tu veux qu'ils me parlent? Si, il y a deux filles, tous les matins, elles me donnent des sandwichs. Ah oui, elles sont gentilles, elles font des sourires. Mais c'est tout. Les autres, ils ne me voient pas tout le temps. Ils marchent trop vite. C'est pas grave, tant qu'ils ne m'agressent pas. Ici, c'est plutôt calme en général. Mais quand certains sont méchants, s'il y en a qui me chassent parce qu'ils veulent plus me voir, je suis obligé de partir ailleurs, dans un foyer ou dans une autre rue… et puis je reviens. Parce que c'est mon coin, quand même.

3c Answers will vary.

4 Answers will vary.

2.1 B: Qui sont les marginalisés? (pp32–33)

1a Lisez le texte sur les attitudes envers l'autisme en France. Choisissez les quatre phrases qui sont vraies.

1, 3, 6, 9

1b Answers will vary.

2 Écoutez l'interview du sociologue François Dubet, qui parle des discriminations en France. Répondez aux questions en français.

> **Suggested answers**
>
> 1 Il y a moins de discriminations aujourd'hui, mais plus de gens se sentent discriminés.
>
> 2 les femmes, les Français d'origine étrangère et les homosexuels
>
> 3 soit on ne les voyait pas, soit elles étaient jugées normales
>
> 4 que c'étaient des sous-hommes
>
> 5 Certains métiers étaient interdits aux femmes.
>
> 6 Le fils est né en France et il se sent français comme les autres.
>
> 7 un sentiment d'égalité
>
> 8 Au Québec, on accepte la diversité de la population. On permet aux citoyens de garder leur culture.

9 On a assoupli les normes réglementaires pour moins discriminer les minorités, tout en respectant l'égalité des citoyens.

10 Dans les cantines, les enfants qui ne consomment pas de porc peuvent manger autre chose, mais les autres enfants peuvent manger du porc.

Transcript

— Les discriminations baissent, mais le sentiment de discrimination s'accentue. Pas un jour ne passe sans qu'on ne parle de discriminations envers des femmes, des Français d'origine étrangère ou des homosexuels. Le sociologue François Dubet examine ce paradoxe.

— C'est un paradoxe, car nous discriminions beaucoup plus autrefois! Mais le sentiment de ces discriminations s'est considérablement accru. Il y a quarante ans, soit on ne « voyait » pas certaines discriminations, soit elles étaient jugées normales. Souvenons-nous de cette époque où le travailleur immigré était regardé comme un quasi « sous-homme », subissant infiniment plus de discriminations que son fils aujourd'hui. Pourtant, son fils se sent bien plus discriminé que lui. De même, les inégalités hommes–femmes se sont beaucoup réduites depuis cinquante ans. On n'oserait plus considérer que certains métiers sont « naturellement » interdits aux femmes, mais les femmes dénoncent comme jamais les « plafonds de verre » et tous les obstacles qui les empêchent de réussir socialement.

— Il y a donc de moins en moins de discriminations et de plus en plus de sentiments d'injustice.

— Oui. C'est que le fils de l'immigré est né en France et qu'il se sent français comme les autres. Ce qui n'était pas le cas de son père. Les femmes se considèrent aujourd'hui comme les égales des hommes, tout comme les homosexuels jugent leur sexualité aussi digne de respect que celle des hétéros. C'est la subtilité du sentiment de discrimination: pour se sentir discriminé, il est impératif de se définir d'abord comme égal.

— Étant donné que les discriminations existent encore, comment la France peut-elle les éradiquer?

— Observons l'exemple du Québec. Dans les années 1990, le pays a compris qu'il était métissé, qu'il ne fallait plus imaginer que sa population se convertirait massivement au catholicisme et parlerait comme Robert Charlebois! Les Québécois se sont interrogés: pourquoi ne pas permettre aux citoyens de garder leur culture, d'être musulmans, d'origine indienne ou juifs orthodoxes, sans remettre en question les libertés individuelles? C'est ainsi que la politique des « accommodements raisonnables » est née. Elle consiste à assouplir les normes réglementaires – par exemple celles du monde du travail – pour moins discriminer les minorités, mais aussi pour respecter l'égalité des citoyens.

— Ce n'est toujours pas le cas en France?

— Il existe déjà un semblant d'« accommodements raisonnables » en France: dans les cantines, on offre un plat de substitution aux enfants ne consommant pas de porc, sans empêcher les autres d'en manger. Mais il est peut-être l'heure d'aller plus loin. Il faut accepter que la France ne sera plus jamais 100% blanche, hétérosexuelle et chrétienne.

3 Traduisez en français.

Suggested answers

1 Nous discriminions les travailleurs immigrés.

2 Autrefois, certains métiers étaient interdits aux femmes.

3 Les Français acceptaient les inégalités sans poser trop de questions.

4 Il y a cinquante ans, il était difficile pour les homosexuels de réussir socialement.

5 Beaucoup de gens ne comprenaient pas que les enfants autistes avaient besoin d'aide.

4 Answers will vary.

2.2 A: Quelle aide pour les marginalisés? (pp34–35)

1 Answers will vary.

2a Lisez le texte. Complétez les phrases 1–10 selon le sens du texte.

Suggested answers

1 …un refuge pour les sans-abri.

2 …emploi / travail.

3 …de la nouvelle combinaison.

4 …prendre le bus (pour atteindre un refuge).

5 …Jean-Luc vient ici / utilise ce refuge.

6 …la plaque de cuisson est hors service (et c'est l'été).

7 …France Bleu / une seule chaîne.

8 …dans quel état Olivier va rentrer, ni à quelle heure.

9 …utiliser les refuges (mais pas les accueils collectifs).

10 …sont permis / autorisés.

2b Traduisez les phrases en français. Vous trouverez certains mots clés dans le texte (page 34).

> **Suggested answers**
>
> 1 En Charente, un réseau de refuges a été mis à la disposition des sans-abri.
>
> 2 Ayant perdu son emploi et sa famille, Jean-Luc vit dans la rue depuis plus d'un an.
>
> 3 Sans savoir le numéro de digicode, personne ne peut entrer dans le bâtiment où Jean-Luc va passer la nuit.
>
> 4 Chaque refuge a une femme de ménage qui fournit des draps propres pour ceux qui en ont besoin.
>
> 5 Si les règles étaient plus strictes, certains sans-abri ne pourraient pas utiliser le refuge et devraient dormir dehors.

3a Écoutez le reportage sur un événement au Sénat pour donner la parole aux marginalisés. Remplissez les blancs avec le bon mot de la case.

1 lancé   2 rendu   3 raconté   4 perdu   5 été   6 devenu

3b Answers will vary.

> **Transcript**
>
> — À l'occasion de l'anniversaire de l'appel de 1954 de l'abbé Pierre – un appel en aide aux sans-abri qui allait provoquer un choc salutaire dans la France d'après-guerre – une centaine de personnes mal logées ou sans domicile fixe sont allées ce jeudi exprimer leurs revendications au Sénat.
>
> — Si trouver un hébergement approprié est difficile en temps normal, quand on est mère de famille c'est un cauchemar, comme en témoigne Fatima.
>
> — Moi, je suis divorcée et sans emploi. J'ai deux enfants en bas âge. Lorsque j'ai demandé un hébergement, on m'a dit qu'il n'y avait de place que pour moi et un seul de mes enfants, que je devais me séparer de l'un d'eux. Mais c'est impossible!
>
> — Il en est de même pour Charlotte, séparée de son compagnon depuis deux mois.
>
> — J'ai dû me séparer de mon fils aîné. Parce qu'il est majeur, il ne peut pas rester au centre avec moi et se retrouve dans la rue. C'est une situation inhumaine. En plus, si on est démuni et sans logement, il n'est pas évident de se faire soigner. Même quand on a la couverture maladie universelle, certains médecins refusent de nous soigner – sans parler des soins dentaires qui sont trop chers.
>
> — Pour Alain aussi, l'accès aux soins pose un problème. Ce jeune homme est sans-abri depuis trois ans.

> — Déjà, si on n'a pas de logement, on n'a pas d'adresse, et là, les employeurs ne veulent pas de vous. Si en plus on a la bouche pleine de trous, on n'a plus aucune chance d'être embauché.
>
> — Évidemment, en raison d'une pénurie de logements, il n'y a pas de solutions faciles pour ces personnes démunies. Au moins on les écoute.

4 Traduisez en anglais.

> **Suggested answer**
>
> For several hours on Monday, a group of about 30 organisations for the protection of the homeless and those living in substandard housing put up 33 tents beside the St Martin canal in Paris in a 'symbolic deed of solidarity'.
>
> 'We feel that political leaders / policymakers don't see the same France as we do,' stated Christophe Robert, assistant director of the Abbé Pierre Foundation. 'Savings are being made at the expense of the most destitute, whereas bringing them out of insecurity is an economic and social investment for the country.'

5 Answers will vary.

2.2 B: Quelle aide pour les marginalisés? (pp36–37)

1a Lisez l'article et pour chaque phrase écrivez vrai (V), faux (F) ou information non-donnée (ND).

1 V   2 V   3 F   4 V   5 ND   6 V   7 F   8 V   9 F   10 V

1b Traduisez en anglais le troisième paragraphe (« Selon le groupe... »).

> **Suggested answer**
>
> According to the group that wrote the report – a group that brought together associations, unions and employers – 'the anonymous CV doesn't allow the highlighting of differences', it 'goes against / runs counter to the freedom of choice of businesses and candidates', 'may lead to steps being taken to get round it, given the increased use of the internet as a means of recruitment'.

2 Traduisez en français.

> **Suggested answers**
>
> 1 Le gouvernement a décidé d'encourager l'utilisation du CV anonyme en 2006.
>
> 2 Dans le passé, les candidats à l'embauche avec un nom étranger étaient discriminés.
>
> 3 Certaines entreprises s'opposaient à la mesure parce qu'elle limitait leur liberté de choix.
>
> 4 Plusieurs organisations sont déçues par la décision d'abandonner le CV anonyme.
>
> 5 Si tous les employeurs avaient été obligés d'accepter ce genre de CV, le dispositif aurait peut-être réussi.

3 Écoutez l'entretien de Jean-Marie Barbier, ancien président de l'association des paralysés de France (APF), qui parle des aides pour les personnes handicapées. Répondez aux questions en français.

> **Suggested answers**
>
> 1 comme un problème de société
>
> 2 Il est un entrepreneur qui a été reçu par le ministre de l'Intégration.
>
> 3 que 4 000 emplois ont été supprimés l'année dernière et que plus de 5 000 emplois seront supprimés cette année
>
> 4 les aides humaines, qui sont prises en charge par les départements, et une allocation accordée aux personnes handicapées
>
> 5 Les budgets (pour les aides humaines) sont négociés département par département.
>
> 6 Actuellement, seuls 15% de ces lieux sont accessibles (par rapport à la cible de 100%). Certains établissements n'ont même pas commencé à réaliser les travaux nécessaires.
>
> 7 Les besoins des enfants handicapés sont désormais davantage pris en compte.

Transcript

— Jean-Marie Barbier, vous estimez que les politiques français négligent les questions liées au handicap?

— Oui, c'est vrai. La question du handicap n'est pas encore vue comme un problème de société mais comme un problème de coûts.

— Louis van Proosdij, paraplégique qui a dénoncé sur son blog la dégradation de ses conditions de vie, a ému les réseaux sociaux ces derniers jours. Sa situation est-elle significative des problèmes que peuvent rencontrer les personnes handicapées nécessitant une aide à domicile?

— Oui, en effet. Mais ce monsieur est un entrepreneur qui a été reçu par le ministre de l'Intégration et son problème a été réglé en dix-huit minutes alors

que nous, cela fait dix-huit mois que l'on attend. De nombreux sujets ne sont pas abordés comme ils le devraient. Par exemple, rappelons que l'année dernière, 4 000 emplois dans les services d'aide à domicile ont été supprimés. Ce chiffre sera sans doute supérieur à 5 000 cette année.

— Quelles sont les aides dont peut bénéficier à l'heure actuelle un adulte handicapé?

— Il faut distinguer les aides humaines, qui sont prises en charge par les départements, et les ressources accordées à ces personnes telles que l'allocation aux adultes handicapés qui permet d'assurer un revenu minimum. Le problème des aides humaines, c'est que les budgets sont négociés département par département et que cela peut créer des disparités.

— Où en est le développement de l'accessibilité des personnes à mobilité réduite aux lieux publics?

— Seuls 15% de ces lieux ont pour l'instant été mis en conformité. Il semble donc certain que les 100% ne seront pas atteints cette année. Beaucoup d'établissements ont attendu pour réaliser les travaux nécessaires, certains n'ont pas commencé.

— Quel bilan tirez-vous de l'action du gouvernement sur la question du handicap? La ministre de la Santé parle d'« avancées considérables », qu'en pensez-vous?

— Nous ne partageons pas du tout son avis. Certes, il y a eu quelques avancées en ce qui concerne la question des enfants handicapés dont les besoins spécifiques sont désormais davantage pris en compte. Mais à part cela, il reste beaucoup à faire.

— Merci pour l'entretien.

4 Answers will vary.

5 Answers will vary.

2.3 A: Quelles attitudes envers les marginalisés? (pp38–39)

1 Answers will vary.

2 Écoutez l'interview de Magali Le Naour-Saby – comédienne, danseuse et modèle. Complétez les phrases selon le sens de l'interview.

> **Suggested answers**
>
> 1 …un master en études théâtrales.
>
> 2 …poursuivre des études (de théâtre à la Sorbonne Nouvelle) / reprendre sa pratique théâtrale et chorégraphique / enrichir sa pratique théâtrale et chorégraphique avec la théorie.

3   …le désir.

4   …enrichir.

5   …des questions intimes / taboues (sur la différence, la normalité et le désir).

6   …terminer la chorégraphie.

7   …certaines femmes vivent la différence.

8   …rien n'est impossible.

Transcript

— Pouvez-vous présenter votre parcours à la Sorbonne Nouvelle?

— Je m'appelle Magali Le Naour-Saby. Après une licence, je viens de terminer un master en études théâtrales. Je garde de mon parcours universitaire un agréable souvenir. Mes études ont contribué à l'épanouissement de la femme que je suis devenue à présent.

— Le choix de la Sorbonne Nouvelle?

— J'ai commencé le théâtre à l'âge de huit ans, malheureusement j'ai arrêté pendant une très longue période pour des raisons de santé. J'avais toujours ce désir ardent de pouvoir reprendre et d'enrichir ma pratique théâtrale et chorégraphique avec la théorie, qui pour moi, est indispensable. Le choix de la Sorbonne Nouvelle était donc une évidence et l'opportunité espérée depuis tant d'années.

— Quels sont vos projets actuellement? L'importance de la danse, le rapport à votre handicap?

— En ce moment je réfléchis à plusieurs questions… Qu'est-ce qu'un corps différent? Qu'est-ce que la normalité? Qu'est-ce que désir? Peut-on encore être une femme désirable avec un corps différent?

— Et le fauteuil roulant?

— Le fauteuil roulant peut être lui aussi intéressant à utiliser mais comme un outil scénique au service de la création. Nous avons tellement à nous enrichir des différences. C'est pourquoi il me semble intéressant que ces questions intimes, parfois taboues, puissent être abordées à travers la danse, le théâtre, la photographie ou même le cinéma.

— Quels sont vos succès récents?

— Ma pratique de la danse contemporaine, du théâtre ainsi que mes réflexions ont porté leurs fruits puisque je viens de terminer en mai dernier la chorégraphie d'une pièce qui s'intitule *Regardez-moi!* où il s'agit de témoignages de femmes vivant la différence.

— Quels conseils donneriez-vous aux étudiants de la Sorbonne Nouvelle?

— Je n'ai pas de conseils à donner. Je reprendrai simplement la citation de la navigatrice française Maud Fontenoy: « Ne laissez personne vous dire que c'est impossible. »

3a Lisez le texte « Quelle vie pour les personnes handicapées au Sénégal? » (page 39). Reliez le début et la fin des phrases.

1 c   2 d   3 b   4 e   5 a

3b Answers will vary.

4 Traduisez en français.

Suggested answers

1   Nous étions parti(e)s le jour précédent.

2   Elle avait besoin d'aide parce qu'elle avait perdu son emploi.

3   J'ai remercié la personne qui m'avait aidé(e).

4   Il ne pouvait pas travailler parce qu'il était tombé malade.

5   Je ne savais pas que vous vous étiez déjà rencontré(e)s.

5 Answers will vary.

2.3 B: Quelles attitudes envers les marginalisés? (pp40–41)

1a Lisez l'article sur les « mal connectés ». Trouvez des synonymes pour les expressions 1–8.

1 lutter   2 aux côtés de   3 formation
4 matériel informatique   5 mises à disposition
6 la rentrée   7 souhaite   8 par rapport à

1b Complétez les phrases selon le sens du texte.

Suggested answers

1   …d'une nouvelle forme d'exclusion.

2   …numériser la plupart de ses services.

3   …trouver un emploi / fonctionner comme citoyen / s'engager dans la communauté.

4   …la Fondation ST Microelectronics mène un projet de ce type en France.

5   …de former les éducateurs / enseignants bénévoles.

6   …fournir deux salles pour les cours.

7   …équiper une (troisième) salle (pour les cours).

8   …bénéficier de ce type de formation / participer aux cours.

9   …recruté des participants (pour les cours).

10   …se sentiront moins exclues / sauront se servir d'un ordinateur / pourront voir les bulletins scolaires sur Internet.

1c Traduisez en anglais le deuxième paragraphe
(« Destiné aux populations… »).

Suggested answer

Intended for people in difficulty, it [ST Microelectronics Montrouge] is going to offer free courses to teach them how to use a computer, the internet, messaging services and social networks… It's about helping people to get back into the workplace, to return to being citizens or simply to escape from loneliness. 'It will allow the beneficiaries to become better involved in our community,' the mayor Jean-Loup Metton proudly declares.

2a Écoutez le reportage sur les discriminations dans la fonction publique. Lisez le résumé et remplissez les blancs avec le bon mot de la case.

1 reçu   2 reflète   3 répondu   4 utilisant
5 découvert   6 avaient   7 favoriser   8 embauchées
9 savent   10 mettre   11 invités   12 offrir

2b Réécoutez et répondez aux questions en français.

Suggested answers

1   *any 3 from*: policier national, infirmier, responsable administratif, technicien de maintenance, aide-soignante

2   Ils ont 8% de chances en moins d'occuper un emploi public que les natifs.

3   près d'un cinquième / presque 20%

4   *any 3 from*: le sexe, l'origine, l'appartenance (réelle ou supposée) à une race, le lieu de résidence

5   Ils seront sensibilisés à la discrimination.

6   des périodes d'observation professionnelle dans les administrations

Transcript

Un rapport remis au Premier ministre Manuel Valls le 12 juillet révèle d'importantes discriminations dans l'accès à la fonction publique. Selon le rapport, le profil des agents de l'État n'est pas celui de la moyenne des Français.

Les chercheurs ont envoyé 3 258 candidatures virtuelles avec des CV identiques mais un profil personnel différent, en réponse à 1 086 offres d'emploi réelles. Cinq professions étaient concernées: policier national, infirmier, responsable administratif, technicien de maintenance et aide-soignante.

Le résultat est éloquent: les candidats d'origine maghrébine et ceux résidant dans les quartiers défavorisés sont pénalisés dans les fonctions publiques hospitalière et territoriale. En plus, les enfants d'agents publics sont surreprésentés dans les recrutements.

Un tiers des agents seraient ainsi des enfants de fonctionnaires. Les descendants d'immigrés ont quant à eux 8% de chances en moins d'occuper un emploi public que les natifs.

Ce rapport est d'autant plus pertinent que la fonction publique représente près d'un cinquième de l'emploi total en France. Chaque année, elle recrute près de 500 000 personnes, pour tous types de contrats et pour toutes durées confondus.

Une large partie de la population française peut être victime de ces discriminations. Le code pénal cite vingt critères de discriminations, dont le sexe, l'origine, l'appartenance réelle ou supposée à une race et le lieu de résidence.

Selon les chercheurs, les recruteurs ne sont pas ouvertement racistes ou sexistes, mais ils sont surtout victimes de leurs stéréotypes, qui opèrent souvent à leur insu.

Pour faire de la lutte contre les discriminations une priorité, le gouvernement a annoncé plusieurs mesures. Les services d'orientation aux carrières de la fonction publique, tout comme les recruteurs, seront systématiquement sensibilisés à la discrimination.

Dans l'éducation, de nouvelles classes préparatoires intégrées seront ouvertes pour les candidats d'origine modeste, et les écoles de service public devront proposer des plans d'ouverture à la diversité d'ici à la fin de l'année.

10 000 contrats d'apprentissage seront proposés aux jeunes sans emploi de quartiers défavorisés, dès la rentrée. Les collégiens et lycéens pourront également bénéficier de périodes d'observation professionnelle dans les administrations.

3 Answers will vary.

4 Traduisez en français.

Suggested answers

1   Saïd a répondu à beaucoup d'offres d'emploi mais personne ne l'a embauché.

2   C'est peut-être en raison de son prénom maghrébin, bien qu'il ait la nationalité française.

3   Saïd aurait-il plus de succès s'il avait un profil personnel différent?

4   Souvent, les recruteurs ne sont pas conscients que les stéréotypes les influencent.

5   Plusieurs mesures seront adoptées pour combattre les inégalités et les discriminations.

Résumé: Démontrez ce que vous avez appris! (p42)

1 Reliez les expressions 1–10 aux définitions a–j.

1 e   2 d   3 j   4 a   5 g   6 f   7 h   8 b   9 c   10 i

2 Remplissez les blancs avec le bon mot de la case. Attention! Il y a quatre mots de trop.

1 discriminations   2 études   3 métier   4 lutte
5 bénéficient   6 souffrent   7 accueillent   8 besoins

3 Remplissez les blancs avec la bonne forme du verbe entre parenthèses. Vous devez choisir entre le passé composé, l'imparfait ou le plus-que-parfait.

> **Suggested answers**
>
> 1 a lancé   2 a invité   3 dormaient   4 parlait
> 5 ont répondu   6 avaient ignoré / ignoraient
> 7 ont ouvert   8 faisais   9 m'étais engagé(e)
> 10 sont venus

Résumé: Testez-vous! (pp43–45)

1a Lisez le texte. Choisissez les cinq phrases qui sont vraies.

1, 5, 6, 7, 11

1b Answers will vary.

2a Écoutez la discussion sur la loi handicap du 11 février 2005. Lisez ces phrases et remplissez les blancs avec le bon mot de la case. Attention! Il y a trois mots de trop.

1 votée   2 améliorer   3 respectée   4 rendre
5 exprimé   6 condamné   7 accepter   8 méfie

2b Answers will vary.

> **Transcript**
>
> — La loi du 11 février 2005 devait assurer l'« égalité des droits et des chances » des personnes handicapées en France. Plus de dix ans après, 20 Minutes fait le point sur ses trois piliers principaux: l'accessibilité des bâtiments publics; l'accès à l'emploi; et la scolarisation des enfants. Christelle Prado, vous représentez les personnes handicapées et les parents d'enfants handicapés; à votre avis la loi a-t-elle réussi à atteindre ses objectifs?

— Non. D'abord, quant à l'accessibilité, la loi visait à rendre les lieux publics accessibles à tous dans un délai de 10 ans. Mais aujourd'hui, après plus de 10 ans, seulement 40% des établissements recevant du public sont accessibles. Le gouvernement a accordé aux établissements des délais supplémentaires de trois à neuf ans, ce qui a provoqué la colère des associations représentatives de personnes handicapées.

— La loi a-t-elle amélioré l'accès à l'emploi?

— Pas beaucoup. Actuellement, le taux de chômage des personnes handicapées, à 22%, est le double de la moyenne. Selon la loi de 2005, tout employeur de plus de 20 salariés est obligé d'employer au moins 6% d'handicapés sous peine de sanction financière. On commence à voir une légère amélioration: dans la fonction publique, le taux d'emploi des personnes handicapées a progressé en 2014 pour atteindre 4,9% contre 4,64% l'année précédente. Il reste donc des progrès à faire.

— Finalement, dans le domaine de la scolarisation, le bilan est-il plus positif?

— La loi affirmait que tout enfant handicapé devait être inscrit dans l'école de son quartier. Entre 2005 et 2010, le nombre de jeunes handicapés qui étaient scolarisés en milieu ordinaire a augmenté de 33%. Mais ce que ce chiffre cache, c'est que les handicapés ne sont scolarisés que quelques heures par semaine, et dès 16 ans, on les met dehors.

— Merci pour cette interview.

3 Lisez le texte. Traduisez en français le paragraphe ci-dessous.

> **Suggested answer**
>
> Beaucoup de personnes ont été touchées quand ils ont vu l'appel de Lionel. Lionel a été membre de l'armée de l'air pendant neuf ans mais depuis il est demandeur d'emploi. Ceux qui ont lu son CV en ligne veulent lui venir en aide même s'ils ne le connaissent pas. Bien qu'il soit qualifié, Lionel accepterait n'importe quel emploi qu'on lui proposerait. Après avoir dormi dans une cave humide, il n'était pas capable de répondre à toutes les questions que la journaliste voulait lui poser.

4a Lisez le texte. Identifiez dans le texte des synonymes pour les expressions 1–6.

1 tenter   2 natale   3 périlleuse   4 en pagaille
5 les yeux de la tête   6 diplômé

4b Relisez le texte et répondez aux questions en français. Essayez de répondre le plus directement possible aux questions et d'écrire des réponses concises. Il n'est pas toujours nécessaire de faire des phrases complètes.

Suggested answers

1   Ils sont déçus. Ils ont le mal du pays. Ils se sentent marginalisés.

2   Ils ont payé des passeurs.

3   Sa vie (en Irak) était comme dans ce film.

4   Les rues étaient chaotiques. Les égouts n'étaient pas réparés. Il n'y avait pas de travail. Il y avait du népotisme / de la corruption.

5   Les revenus du pétrole.

6   la nourriture; le prix des cigarettes / le prix de tout; il n'a pas eu de cours de langue / d'accompagnement professionnel; le manque d'accueil; la peur d'être arrêté; des « nazis » qui n'aimaient pas / agressaient les refugiés

4c Traduisez le dernier paragraphe (« Alors que… ») en anglais.

Suggested answer

While a lot of Iraqis were fleeing the fighting, the persecution and the dreadful conditions of the refugee camps, others like Moustafa and Mourtada wanted to escape from unemployment and a lack of prospects. It's above all this last group who give up the idea of beginning a new life. However, Mourtada doesn't regret having come to Europe. 'I learned a valuable lesson from it; I learned to organise myself and to be disciplined. And it has helped me to love my country and my fellow citizens.'

5 Answers will vary.

6 Answers will vary.

---

3 Comment on traite les criminels

Pour commencer (pp48–49)

1 Reliez les expressions 1–8 aux définitions a–h.

1 c   2 b   3 d   4 g   5 e   6 f   7 h   8 a

2 Answers will vary.

---

3 Devinez la bonne réponse.

1 c   2 b   3 b   4 c   5 a

4 Lisez le texte « La cybercriminalité en France » et remplissez les blancs avec le bon mot de la case.

1 touche   2 devient   3 subissent   4 menacent
5 révèlent   6 perd

5 Answers will vary.

3.1 A : Quelles attitudes envers la criminalité? (pp50–51)

1 Answers will vary.

2a Lisez les deux premiers paragraphes du texte. Remplissez les blancs avec le bon mot de la case. Attention! Vous n'aurez pas besoin de tous les mots.

1 fixer   2 comprendre   3 contrôler   4 tomber
5 s'occuper

2b Traduisez en anglais le troisième paragraphe du texte (« À 45 ans… avec de la haine. »).

Suggested answer

This inhabitant of Châtenay-Malabry (Hauts-de-Seine) is 45 but looks more like 60. In her three-room flat on the Butte-Rouge estate, she lives with her two other sons, aged 10 and 12, around an impressive / imposing TV set which is turned on at full volume all day long. Since her eldest son was sent to a reform school she has been inconsolable and unable to understand how he ended up like that. 'He got everything he wanted: Game Boy, PlayStation, designer clothing and trainers. Now I'm frightened: he shouts and looks at me with hatred / hatefully.'

2c Lisez le quatrième paragraphe du texte. Répondez aux questions en français.

Suggested answers

1   Il était impliqué dans une dizaine d'infractions. (En plus, le juge n'appréciait pas son attitude, et il était pressé.)

2   Ses échecs scolaires (répétés dès le cours préparatoire), l'absence (chronique) du père et ses difficultés à parler avec sa mère.

3   Il était débordé.

4   la nouvelle politique gouvernementale (sur les « sanctions éducatives » pour mineurs de 13 à 16 ans)

3a Écoutez cinq personnes qui parlent des causes de la délinquance juvénile – Martine, Paul, Agnès, Judith et Brigitte. Qui dit…?

1 Paul 2 Martine 3 Martine 4 Judith 5 Agnès
6 Brigitte 7 Paul 8 Judith

3b Answers will vary.

Transcript

— Nous avons interrogé plusieurs personnes qui sont impliquées dans la prévention de la délinquance. D'abord Martine, juge des enfants à Paris.

— Ce n'est pas par la détention que les choses avanceront. Plutôt que de sanctionner, travaillons sur la dynamique familiale, en sachant qu'il est difficile de responsabiliser des parents qui ont eux-mêmes eu des parents déficients. Dans certaines communautés africaines à Paris, un oncle peut pallier l'absence des parents qui sont débordés en s'occupant de plusieurs enfants.

— Paul est lieutenant de police dans la commune de Dammarie-les-Lys dans la région parisienne.

— Responsables, les parents? Évidemment, pas du tout. Les pères boivent et disparaissent. Les mères sont débordées et désespérées. Certaines, issues de l'immigration, élèvent leurs enfants avec l'idée que nous sommes une version moderne des troupes coloniales qu'elles ont elles-mêmes connues enfants.

— Agnès, juge des enfants à Bobigny, est beaucoup plus nuancée.

— Dans la majorité des cas, si les parents ne sont plus totalement responsables des faits et gestes de leurs enfants, ils continuent à se sentir responsables d'eux face à la justice. Les parents ouvertement complices existent mais représentent une minorité.

— Maintenant, écoutons Judith, institutrice.

— Les gamins sont condamnés à être adultes trop tôt. Ils sont vifs, ils connaissent la loi et leurs droits, et passent des heures devant la télé. À 10 ans, ils ont tout vu: films d'horreur, films X, etc. Certains d'entre eux savent voler une voiture et font vivre la famille – leur père complètement paumé, leur mère qu'ils aident à remplir les papiers administratifs… C'est le monde à l'envers et c'est surtout douloureux pour des gosses qui, en fait, portent leurs parents sur leur dos.

— Finalement, c'est la psychologue scolaire Brigitte qui prend la parole.

— Ils sont délinquants par obligation et non par choix. La cité est une contre-société où la loi du plus fort domine. Pour s'en sortir, les gosses vivent de l'économie parallèle. Mais ils souffrent. Et qui tente sérieusement d'écouter, de décrypter cette douleur? Pas leurs parents, ce sont des fantômes…

4 Answers will vary.

5 Answers will vary.

3.1 B: Quelles attitudes envers la criminalité? (pp52–53)

1a Lisez cet extrait du roman *Claude Gueux*. Trouvez des synonymes pour les expressions 1–8.

1 ouvrier 2 maîtresse 3 manqua 4 faire son temps
5 cachot 6 naguère 7 avait la parole rare 8 impérieux

1b Relisez l'extrait et répondez aux questions en français.

> **Suggested answers**
>
> 1 avec sa maîtresse et leur enfant
>
> 2 Il était mal traité par l'éducation et ne savait pas lire.
>
> 3 Il n'avait pas de travail. Il avait besoin de feu et de pain pour lui-même et sa famille.
>
> 4 cinq ans de prison
>
> 5 dans un cachot pour la nuit et dans un atelier pour le jour
>
> 6 Il avait le front ridé et quelques cheveux gris.
>
> 7 Il avait l'air impérieux, il se faisait obéir, il n'avait pas l'air souffrant.

2 Notez l'infinitif de chaque verbe dans les phrases 1–8. Réécrivez chaque phrase au passé composé.

1 voler / Il a volé du pain.

2 manquer / L'ouvrage a manqué.

3 être / L'homme a été envoyé à la maison centrale de Clairvaux.

4 mettre / On l'a mis dans un cachot.

5 faire / J'ai fait un rêve.

6 sortir / Nous sommes sorti(e)s du village.

7 avoir / Elle a eu une idée.

8 vivre / Ils ont vécu heureux.

3 Écoutez la discussion sur la baisse de la délinquance à Marseille. Répondez aux questions en français.

> **Suggested answers**
>
> 1 Il y a moins d'arrachages de colliers. Les atteintes aux biens (comme les cambriolages) ont baissé (de presque 1%). Les vols à main armée ont diminué (de près d'un tiers).
>
> 2 Les touristes d'affaires ne demandent plus s'ils peuvent venir avec leurs enfants.
>
> 3 une présence policière continue

4 La police a gagné près de 200 policiers supplémentaires / Il y a eu un renforcement des effectifs de police. La police travaille davantage la nuit. La vidéosurveillance joue un rôle plus important.

5 l'accessibilité, l'éducation et la qualité de vie pour ses salariés

6 La délinquance peut cacher les aspects positifs de la région.

Transcript

— Si le nombre d'homicides a augmenté, la délinquance générale, l'an dernier, a baissé à Marseille, selon Pierre-Marie Bourniquel, directeur départemental de la sécurité publique.

— Il y a un an, quand je suis arrivé à Marseille, il y avait 15 arrachages de colliers par jour. Aujourd'hui, nous en avons six à sept par semaine, soit un par jour. Dans l'ensemble, la délinquance régresse. Les atteintes aux biens, comme les cambriolages, ont baissé de presque 1%. Les vols à main armée ont diminué de près d'un tiers.

— Dominique Vlasto, adjointe au maire, confirme que la situation s'améliore.

— Il y a quelques années, quand le tourisme d'affaires s'est développé, certaines personnes appelaient pour demander si elles pouvaient venir avec leurs enfants, mais maintenant nous n'avons plus ce type d'appel. Pourtant, il faut que la police continue à être présente pour atténuer le sentiment d'insécurité.

— Pour expliquer cette baisse de la délinquance, Pierre-Marie Bourniquel évoque le renforcement des effectifs de police.

— Depuis 2013, la police a gagné près de 200 policiers supplémentaires. Ils travaillent davantage la nuit et la vidéosurveillance joue un rôle plus important.

— Pourtant, la sécurité n'est pas le seul enjeu pour ceux qui veulent investir dans la région. Jacques Pfister, le président de la Chambre de commerce et d'industrie, explique.

— L'entrepreneur qui veut s'installer ici va prendre en compte d'autres facteurs, il regardera par exemple l'accessibilité, l'éducation et la qualité de vie pour ses salariés. Mais, si le monde économique est conscient du problème de la délinquance, il ne faut pas que cela cache les aspects positifs de la région.

4 Traduisez en français.

Suggested answers

1 Il faut combattre la délinquance organisée en s'attaquant aux porte-monnaie des criminels.

2 La semaine dernière, une saisi de drogues d'une valeur de plus d'un million d'euros a été effectuée.

3 Qu'est-ce qui se serait passé si la police n'avait pas agi assez vite?

4 Bien que la délinquance soit en baisse, les individus ont besoin de prendre des précautions.

5 Trois jeunes ont été interpellés / arrêtés après avoir participé à une bagarre.

5 Answers will vary.

3.2 A: La prison – échec ou succès? (pp54–55)

1a Lisez le texte. Trouvez des synonymes pour les expressions 1–8.

1 naît 2 songe 3 détient 4 auteurs / condamnés
5 vise 6 actuel 7 détenus 8 hante

1b Complétez les phrases selon le sens du texte.

Suggested answers

1 …aux supplices.

2 …à la prison de la Tour-Maîtresse (qui représentait la modernité carcérale).

3 …remplit ses buts de punition et de réinsertion sociale.

4 …devraient recevoir de longues peines d'emprisonnement.

5 …à la haine contre les condamnés.

6 …soient mieux traités / aient une cellule individuelle.

7 …éduquer pour réinsérer.

8 …sont hantées par cette problématique / sont favorables au durcissement pénal.

2a Lisez le texte et écrivez vrai (V), faux (F) ou information non-donnée (ND).

1 V 2 V 3 F 4 ND 5 F 6 ND 7 F 8 F

2b Traduisez le premier paragraphe en anglais (« À l'occasion… récidive »).

Suggested answer

When he visited the remand centre in Nîmes, the prime minister promised a concrete plan for prisons. In July, the overpopulation of French prisons reached a historic / record level with all the known consequences: tension and violence between inmates and against prison staff; difficulties in gaining access to training and sporting or cultural activities; and the reduced availability of integration officers to prepare prisoners for release and avert reoffending.

3 Écoutez cinq personnes (Sarah, Louis, Hugo, Manon et Clément) qui donnent leur avis sur la prison. Pour une attitude positive, notez P. Pour une attitude négative, notez N. Pour une attitude positive et négative, notez P + N.

Sarah: N   Louis: N   Hugo: P + N   Manon: P   Clément: P

Transcript

Sarah

— Loin de conduire les coupables à se réformer, la prison semble encourager la récidive. J'ai récemment appris que le risque de récidive est nettement plus élevé pour les anciens détenus que pour ceux qui ont été condamnés à une peine alternative. L'incarcération est devenue une réponse banale et elle n'est pas suffisamment remise en question.

Louis

— La prison coûte beaucoup plus cher à la collectivité que les peines alternatives comme le bracelet électronique. Il est vrai que les prisons sont surpeuplées – en Belgique on compte plus de douze mille détenus pour une capacité théorique de dix mille unités – mais au lieu de faire construire de nouvelles cellules le gouvernement devrait investir plus dans des centres de réinsertion.

Hugo

— Actuellement, la justice prononce trop de courtes peines pour des délits mineurs, trop de condamnations à l'encontre de personnes malades ou toxicomanes qu'il vaudrait mieux soigner qu'enfermer. La prison devrait être la peine ultime pour ceux qui la méritent, par exemple les meurtriers. Là, elle est justifiée dans l'intérêt des proches de la victime.

Manon

— À mon avis, la prison a un effet dissuasif incontestable, comme toutes les peines sévères. Prenons l'exemple de la sécurité routière. C'est la certitude de la sanction qui a modifié les comportements, pas les multiples campagnes de sensibilisation, aussi inefficaces les unes que les autres. Ce qui est valable pour la délinquance routière est vrai pour les autres types de délinquance aussi.

Clément

— L'alternative à la prison c'est la liberté, surveillée, mais liberté tout de même. Si on est convaincu que le délit qu'on est sur le point de commettre sera puni uniquement par un bracelet limitant la liberté on aura du mal à résister à la tentation. Si tous les délinquants savaient qu'ils risquent une peine de prison, le nombre de délits commis en France serait dix fois moins élevé.

4 Answers will vary.

5 Answers will vary.

3.2 B: La prison – échec ou succès? (pp56–57)

1a Lisez l'article et choisissez les cinq phrases qui sont vraies.

2, 3, 4, 6, 7

1b Answers will vary.

2a Écoutez le reportage sur Noël dans les prisons romandes. Choisissez la bonne réponse.

1 c   2 c   3 a   4 b   5 b   6 a

2b Réécoutez et répondez aux questions en français.

Suggested answers

1   que c'est plus lourd à supporter à Noël

2   des actes d'automutilation et des tentatives de suicide

3   des moments religieux; des visites spéciales qui permettent aux pères détenus de fêter avec leurs enfants; un concert de rock; une pièce de théâtre

4   parce que la prison est un milieu multiculturel / tous les détenus ne fêtent pas Noël

5   D'un côté, il faut prendre en compte l'humanité et la dignité des détenus. D'un autre côté, il faut respecter ceux qui ne sont pas en prison / on ne veut pas que les contribuables offrent des cadeaux aux détenus.

Transcript

— Les prisons romandes se préparent pour Noël. Mais Noël n'est pas une période de trêve dans les prisons. Le stress et la solitude deviennent plus lourds à supporter à cette époque de l'année, comme l'explique Anthony Brovarone, agent du service pénitentiaire vaudois.

— Derrière les barreaux, les gens sont plus susceptibles, et d'autant plus durant la période des fêtes. Donc, le mois de décembre est une période de tension. Nous faisons face à davantage de comportements agressifs, tels que des actes d'automutilation et des tentatives de suicide.

— Aux Établissements de la plaine de l'Orbe, pour calmer les esprits et faire vivre l'esprit de Noël dans les prisons, des activités spéciales sont organisées. En plus des moments religieux, des visites spéciales permettent aux pères détenus de fêter avec leurs enfants. Un concert de rock et une pièce de théâtre sont aussi prévus.

— Quant à la décoration, des sapins sont décorés ici et là, dans les salles de visites et certains espaces communs. La prison est un milieu multiculturel et tous les détenus ne fêtent pas Noël. Nous évitons donc d'en faire trop.

— La période des fêtes est aussi associée à un bon repas. Les détenus ont-ils droit à des plats différents?

— Oui. Aux Établissements de la plaine de l'Orbe, par exemple, les cuisines préparent des menus spéciaux. Les détenus auront un cocktail de crevettes en entrée, puis une viande grillée avec légumes et croquettes de pommes de terre, et de la bûche pour le dessert. Les croquettes, c'est spécial. Il n'y en a que rarement dans l'année. L'alcool reste exclu, même dans les sauces.

— Si le régime paraît un peu sévère, il faut se rendre compte du contexte.

— Dehors, des gens doivent se serrer la ceinture à Noël aussi. Les conditions de détention doivent être humaines et respectueuses de la dignité des personnes, mais il est hors de question qu'on donne du luxe aux détenus. L'argent des contribuables ne doit pas servir à leur faire des cadeaux de Noël.

2c Answers will vary.

3 Traduisez en français.

Suggested answers

1 Si les détenus sont mieux traités, ils ne récidiveront peut-être pas.

2 Si on construisait plus de cellules, plus de gens les occuperaient.

3 Elle n'aurait pas commis le crime si elle en avait connu les conséquences.

4 Si le gouvernement investit dans des peines alternatives, le problème du surpeuplement sera résolu.

5 Comment punirions-nous nos criminels si nous n'avions pas de prisons?

4 Answers will vary.

3.3 A: D'autres sanctions (pp58–59)

1a Lisez le texte et trouvez des synonymes pour les expressions 1–10.

1 se multiplient   2 s'en félicitent   3 l'objectif
4 les auteurs de délit   5 au profit de   6 fustige
7 initié   8 dispositifs   9 croître   10 géraient

1b Complétez les phrases selon le sens du texte.

Suggested answers

1 …d'alternatives à la prison.

2 …soit la peine de dernier recours.

3 …raccourcir le temps de détention (au profit d'un suivi en milieu ouvert).

4 …sera créée.

5 …seront supprimées.

6 …la gauche est trop laxiste / indulgente.

7 …c'est du pragmatisme.

8 …commencé à révolutionner le traitement de la délinquance / commencé le mouvement.

1c Relisez le texte (page 58). Traduisez le dernier paragraphe en anglais (« Certes, depuis, la population carcérale… »).

Suggested answer

It's true that since then the prison population has continued to increase as a result of the lengthening of sentences and the increase in criminal behaviour. Nevertheless, the alternatives to imprisonment have also continued to grow significantly. The figures speak for themselves: on 1 January 2014 the integration and probation services were responsible for 174,108 convicts in an open setting / in open custody, compared with 67,075 inmates / prisoners.

2a Écoutez quatre personnes qui parlent de la réforme Taubira sur les peines alternatives. Pour une attitude positive, notez P. Pour une attitude négative, notez N. Pour une attitude positive et négative, notez P + N.

Arthur: N   Yann: P   Clémence: N   Romane: P + N

2b Réécoutez et identifiez la personne qui parle.

1 Yann   2 Romane   3 Clémence   4 Arthur   5 Romane
6 Yann   7 Arthur   8 Clémence

2c Answers will vary.

Transcript

— Arthur, que pensez-vous de la réforme pénale proposée par Christiane Taubira?

— Si vous demandez mon avis, c'est encore du laxisme. On dit que ce sont de « petits délits », mais en réalité ce sont ces délits qui pourrissent notre quotidien. Envoyer un tel message, c'est démissionner. Le message envoyé aux arracheurs de colliers, aux voleurs de téléphone portable qui cassent le nez d'une femme pour lui arracher son iPhone, c'est aujourd'hui ça: ce n'est plus la prison, et ce n'est pas dissuasif.

— Yann?

— La réforme Taubira? Enfin du bon sens! Les mesures alternatives ont fait leurs preuves ailleurs. Seule la France s'obstine à emprisonner les gens au moindre délit alors que la prison est coûteuse pour le contribuable et que, d'après les enquêtes qui ont été publiées, elle transforme le petit délinquant en criminel. Les mesures alternatives protègent mieux de la récidive que les peines de prison.

— Et Clémence, qu'en pensez-vous?

— Si la réforme se poursuit, on s'apercevra des conséquences trop tard dans les années qui viennent, comme toujours en France… car la criminalité va exploser. La seule décision intelligente aurait été de doubler, voire tripler, le nombre de places en prison tout en fermant les établissements qui ne sont plus adaptés à leur fonction.

— Et finalement, Romane…

— Ces mesures alternatives à l'emprisonnement ne sont pas un remède miracle, et nous manquons de moyens pour les mettre en œuvre. Étant donné la crise qui nous frappe, la pauvreté qui s'aggrave, est-il légitime d'accorder la priorité aux criminels? Le seul point positif, c'est la suppression des peines plancher. On s'est rendu compte que les peines plancher ne diminuaient pas la récidive mais qu'elles provoquaient une augmentation de la surpopulation carcérale.

3 Remplissez les blancs avec *à, de* ou *rien*.

1 à 2 – 3 de 4 à 5 de 6 – 7 de (d') 8 –

4 Answers will vary.

3.3 B: D'autres sanctions (pp60–61)

1a Lisez l'article sur le bracelet électronique. Pour chaque phrase, écrivez vrai (V), faux (F) ou information non-donnée (ND).

1 V 2 ND 3 V 4 F 5 F 6 F 7 ND 8 V 9 V

1b Answers will vary.

2a Écoutez ce reportage sur cinq jeunes qui effectuent un travail d'intérêt général (TIG) dans la forêt de Montlignon. Que signifient ces chiffres?

> **Suggested answers**
>
> 1 la distance entre Montlignon et Paris (en km)
>
> 2 le nombre de jeunes qui font leur TIG dans la forêt
>
> 3 la durée minimum du TIG (en heures)
>
> 4 la durée maximum du TIG (en heures)
>
> 5 le nombre de tigistes qu'on accueille par an
>
> 6 la quantité de détritus qu'ils ramassent (en tonnes)

2b Réécoutez et reliez le début et la fin des phrases.

1 b 2 a 3 d 4 f 5 c 6 h 7 g 8 e

Transcript

— Dans cette paisible forêt à Montlignon, on n'est qu'à 29 kilomètres de Paris, et portant, très loin. Cinq jeunes hommes, habillés de jaquettes fluorescentes, casquettes et parfois lunettes de soleil, ramassent les détritus. Des bouteilles, un matelas, des paquets de chips. L'un d'entre eux explique…

— C'est sûr que l'on préférerait être payés à la fin, mais on assume la peine et on n'est pas fâchés d'échapper à l'incarcération. Pour nos parents, la prison reste une punition très dure à accepter.

— Condamnés pour des larcins – vols de scooters, bagarres et ainsi de suite, ils effectueront entre 20 et 210 heures. À nettoyer la forêt ou à repeindre le mur du cimetière de la petite commune. Pour Jean-Marc Évrard, coordinateur de volontaires, les jeunes tigistes remplissent un rôle utile.

— On accueille 130 personnes par an et, finalement, ils ramassent quand même 20 tonnes de détritus. Il y a le côté social aussi. On a parfois la possibilité de parler avec des jeunes sur lesquels plus aucune institution n'a prise. Je me souviens d'un gamin qui, un soir, après son travail d'intérêt général, est allé corriger sa sœur parce qu'elle avait fumé à l'école. Le lendemain, j'ai pu parler à ce gamin, et l'orienter. Aujourd'hui, il a un job. C'est incroyable à dire, mais parfois le TIG est la première chose qu'ils réussissent.

3 Answers will vary.

4 Traduisez en français.

> **Suggested answers**
>
> 1 Le bracelet électronique peut-il contribuer à une diminution du taux de récidive?
>
> 2 Cette punition permet à l'État de surveiller les condamnés sans les écrouer.
>
> 3 Un criminel est parvenu / a réussi à enlever son bracelet pour pouvoir quitter son domicile / sa maison la nuit.
>
> 4 Je suis content(e) d'effectuer un travail d'intérêt général mais je préférerais être payé(e) pour le travail que je fais.
>
> 5 Mes parents auraient eu honte si j'avais été condamné(e) à une peine de prison (ferme).

5 Answers will vary.

Résumé: Démontrez ce que vous avez appris! (p62)

1 Reliez les expressions 1–8 aux définitions a–h.

1c 2e 3g 4d 5b 6h 7a 8f

2 Reliez le début et la fin des phrases.

1d 2f 3e 4a 5g 6h 7c 8b

3 Remplissez les blancs avec le bon mot de la case. Attention! Il y a deux mots de trop.

1 sens 2 autorités 3 récidive 4 délinquants 5 contribuable 6 promouvoir 7 laxisme 8 effet 9 exploser 10 construire

4 Remplissez les blancs avec *à*, *de* ou *rien*.

1 de 2 de (d') 3 de (d') 4 – 5 à 6 – 7 à 8 de 9 – 10 à

Résumé: Testez-vous! (pp63–65)

1a Lisez le texte et répondez aux questions en français. Il n'est pas toujours nécessaire de faire des phrases complètes.

> **Suggested answers**
>
> 1 Les femmes détenues sont victimes de discrimination. Leurs droits fondamentaux ne sont pas respectés.

> 2 Elles trouvent difficile de maintenir des liens familiaux. Leur hébergement est insatisfaisant. Elles n'ont pas suffisamment accès aux activités.
>
> 3 Elle recommande l'introduction d'une forme de « mixité » contrôlée pour accroître / diversifier l'offre des activités.

1b Traduisez en anglais les deux derniers paragraphes (« Les femmes … contrôleure »).

> **Suggested answer**
>
> Women form only 3.2% of today's prison population. Girls make up 6% of the children in closed educational centres. More than 38% of the patients admitted to mental health establishments are female.
>
> 'You might suppose that this small number of women in custody would make it easier to care for them and would allow their basic rights to be strictly respected, but that is not the case and the reality is that women do not benefit from the same rights as men in custody,' observes the controller-general.

2 Écoutez le reportage sur les conséquences d'une explosion de violence au début de l'Euro 2016. Répondez aux questions en français. Il n'est pas toujours nécessaire de faire des phrases complètes.

> **Suggested answers**
>
> 1 six supporters britanniques (dont Alexander Booth); trois Français; un Autrichien
>
> 2 deux mois de prison; deux ans d'interdiction de territoire
>
> 3 Il avait jeté un gobelet de bière et fait un geste obscène (en direction de la police).
>
> 4 Il l'a dénoncé. Il l'a trouvé ridicule / lamentable.
>
> 5 Le tribunal a voulu faire passer un message aux supporters pour empêcher ce genre de comportement.
>
> 6 150 supporters russes ont participé aux violences mais ils n'ont pas été interpellés.

> **Transcript**
>
> — Dix peines de prison ferme ont été prononcées par le tribunal correctionnel de Marseille à l'encontre de six supporters britanniques, trois Français et un Autrichien. Parmi eux Alexander Booth, un chef cuisinier britannique de 20 ans condamné à deux mois de prison et deux ans d'interdiction de territoire pour avoir jeté un gobelet de bière et fait un geste obscène en direction de la police. Le père du jeune homme a dénoncé le jugement, le

traitant de « ridicule » et « lamentable ». De son côté, l'avocate du jeune homme, maître Marion Dutard pense que le tribunal a souhaité faire passer un message aux supporters.

— Je pense que c'est un verdict qui se veut exemplaire et qui veut envoyer un message. On est au début de l'Euro, peut-être que c'est pour empêcher ce genre de comportement. Mais environ 150 supporters russes ont participé aux violences. Aucun d'entre eux n'a pu être interpellé par la police.

3a **Lisez le texte « Les travaux d'intérêt général… » (page 64). Choisissez les cinq phrases qui sont vraies.**

1, 4, 6, 8, 9

3b Answers will vary.

4a **Écoutez l'interview de l'avocat Alexandre Martin, qui parle de la situation pénitentiaire en France. Lisez les phrases et remplissez les blancs avec le bon mot de la case. Attention! Il y a trois mots de trop.**

1 critique   2 accueille   3 entraîne   4 marche   5 mérite

4b Answers will vary.

Transcript

— Alexandre Martin, vous avez dénoncé à plusieurs reprises les conditions de détention en France. Quelle est la situation dans la région toulousaine?

— D'abord, comme au plan national, nous avons un problème de surpopulation. Il y a à peu près 800 détenus pour 600 places à la maison d'arrêt de Seysses. Cela entraîne un manque d'hygiène, et une augmentation des comportements violents. Il y a aussi d'énormes difficultés d'accès aux soins, notamment aux spécialistes. À Seysses, avoir un rendez-vous avec un dentiste prend parfois deux mois. Il y a aussi trop peu de possibilités de travailler pour les détenus, sans compter les problèmes d'accès aux loisirs et à la formation.

— Quelles en sont les conséquences?

— Théoriquement, la prison doit assurer la réinsertion du détenu par le travail, par la formation. En réalité, elle aboutit au contraire à une désocialisation de l'individu.

— La Garde des Sceaux, Christiane Taubira, a tout de même annoncé la création de places.

— Elle annonce surtout qu'elle va appliquer la loi qui prévoit des peines de substitution. Par exemple, un tribunal peut directement prononcer un aménagement de peine. Cela ne se fait jamais alors que la loi le prévoit depuis trois ans. Il y a aussi tout un tas d'individus qui ont un emploi, des garanties de représentation et qui n'ont rien à faire en prison.

— Que préconisez-vous?

— À un moment donné, il faut qu'une société se donne les moyens d'avoir les prisons qu'elle mérite.

5a **Lisez le texte « La crise des prisons en Belgique ». Trouvez des synonymes pour les expressions 1–7.**

1 cortège
2 entassés (à trois ou quatre)
3 à même le sol
4 rations alimentaires
5 sont … suspendues
6 comportements délictueux
7 constat

5b **Relisez le texte et traduisez ce paragraphe en français.**

Suggested answer

En Belgique, la surpopulation carcérale est devenue un problème grave. Depuis de nombreuses années, il y a plus de détenus que de places. Les conséquences de cette situation sont nuisibles et rendent la vie difficile pour les détenus et ceux qui travaillent dans l'établissement. Des cellules qui étaient conçues pour deux personnes doivent souvent en accueillir trois ou quatre. Le niveau d'hygiène s'est dégradé et, en raison du manque de personnel, les détenus ne reçoivent pas les soins dont ils ont besoin. Si nous voulons réduire le taux de récidive, il faudra incarcérer moins de gens et privilégier les peines alternatives telles que les travaux d'intérêt général.

6 Answers will vary.

7 Answers will vary.

4 Les ados, le droit de vote et l'engagement politique

Pour commencer (p69)

1 Lisez les phrases sur le système électoral français. Choisissez un mot de la case pour compléter chaque phrase.

1 président 2 tour 3 suffrage 4 cohabitation
5 députés 6 Premier ministre 7 ministre 8 élus
9 pouvoir 10 lois

2 Answers will vary.

3 Pour chaque phrase, devinez vrai (V) ou faux (F). Si vous n'êtes pas sûr(e), cherchez les réponses en ligne.

1 F 2 V 3 F 4 V 5 V 6 V 7 F 8 V

4.1 A: Pour ou contre le droit de vote? (pp70–71)

1a Lisez l'article et pour chaque phrase écrivez vrai (V), faux (F) ou information non-donnée (ND).

1 F 2 F 3 ND 4 F 5 V 6 ND 7 V 8 V 9 V 10 V

1b Relisez « Faut-il accorder le droit de vote dès 16 ans? ». Répondez aux questions en français.

Suggested answers

1   parce que 68% des 16–25 ans et 63% des 16–17 ans ne veulent pas le droit de vote, ce qui montre qu'ils ne veulent pas tout, tout de suite

2   On dit que c'est trop institutionnel, trop loin des préoccupations concrètes en raison des soucis de neutralité, et l'année du bac est déjà très chargée sans cette pression supplémentaire.

3   Des lycéens élus rencontrent deux fois par an le ministre de l'Éducation nationale. On soumet des propositions qui sont parfois adoptées.

4   Le mot « hic » signifie le problème (le « hiccup »).

5   Selon l'article, ils agissent avec des actions plus concrètes (« le pavé » rappelle les manifestations dans la rue).

6   Les taux de participation au CVL plafonnent / ne dépassent pas 10% / sont faibles.

2a Écoutez l'interview d'un lycéen et de son prof sur le droit de vote. Écrivez une liste des raisons données par Édouard pour lesquelles les jeunes de 16 ans devraient avoir le droit de vote.

Suggested answers

Les adolescents d'aujourd'hui sont plus politisés.

Les jeunes vivent avec les décisions prises.

Les adolescents d'aujourd'hui sont mieux informés que les générations précédentes au même âge.

2b Réécoutez l'interview et écrivez une liste des raisons données par Vincent pour expliquer son opposition aux arguments d'Édouard.

Suggested answers

Vincent est plus sceptique quant à la maturité des jeunes.

La plupart de ses élèves résistent peu au pouvoir de la publicité et de l'image (ils sont une cible facile, la cible privilégiée des clichés médiatiques).

2c Answers will vary.

Transcript

— Édouard, tu es en seconde ici à Bordeaux. Qu'en penses-tu… faut-il accorder le droit de vote dès l'âge de seize ans?

— Ah, c'est difficile comme question! On dit que les jeunes de moins de 18 ans n'ont pas la maturité nécessaire pour être conscients des conséquences de leur voix. Moi je pense que cela mérite une réelle réflexion. Les adultes pensent souvent que les jeunes ne comprennent rien à la politique, mais il y a un mouvement de politisation qui s'étend chez les adolescents. Et les jeunes devront vivre avec ce que ces hommes politiques décident. Nous sommes mieux informés que les générations précédentes au même âge.

— Vincent, vous êtes enseignant ici?

— Oui, c'est ça. Je suis moins certain que l'âge ait un rapport avec la compétence d'un électeur. Je demeure très sceptique quant à la maturité des jeunes pour choisir un gouvernement, surtout parce que la plupart de mes élèves me semblent bien influencés par la publicité. Trop de politiciens vendent l'apparence au lieu du contenu, qui est souvent plutôt vide! Les ados, n'ayant pas de « vécu » d'expérience, sont plus susceptibles de croire à un pays « où coulerait le lait et le miel ».

— Ce n'est pas vrai! Je crois que la moitié de la population, quel que soit son âge, ne lit pas de journaux et change de chaîne dès qu'il y a une émission d'affaires publiques, ou même le journal télévisé!

— La majorité des gens dont tu parles ne va sans doute pas voter, et c'est bien parce qu'ils n'ont aucune compétence comme électeurs. Malheureusement un grand nombre va y aller quand même, mais si on donne aux jeunes le droit de glisser le papier dans l'urne, quelle en sera la conséquence? Ce sera une première.

— En Écosse pour le référendum sur l'indépendance en 2014, on l'a fait…

— Oui mais…

3a Traduisez les phrases en français en utilisant la voix passive.

> **Suggested answers**
>
> 1 Un journal a été donné à la fille. (Voix active: On a donné un journal à la fille.)
> 2 Nous sommes connus à l'école.
> 3 Le livre sera bientôt écrit.
> 4 Les candidats devront être très organisés.

3b Mettez les phrases à la voix passive.

> **Suggested answers**
>
> 1 Luc et Farah seront accueillis par Martine à la mairie.
> 2 Le dépliant a été traduit par Jordan.
> 3 La lettre de candidature est écrite par Aimée.
> 4 Les bulletins de vote seront comptés par les fonctionnaires.

4 Answers will vary.

5 Answers will vary.

4.1 B: Pour ou contre le droit de vote? (pp72–73)

1a Lisez le texte et expliquez les termes 1–10 en anglais selon le sens du texte.

> **Suggested answers**
>
> 1 to shake / weaken (one's) beliefs / certainties
> 2 the life of a citizen
> 3 the current mistrust of politics
> 4 a blank voting slip
> 5 a ruined voting slip
> 6 turnout
> 7 electoral maturity at the age of 16 / having the right to vote at 16
> 8 discussions across generations
> 9 independent
> 10 a legal state existing before full electoral maturity, allowing certain rights

1b Relisez le texte et répondez aux questions en français.

> **Suggested answers**
>
> 1 21 ans
> 2 le moment du passage du statut de mineur à la majorité aux yeux de la loi
> 3 la défiance actuelle envers la politique
> 4 Les jeunes Autrichiens âgés de 16 ans ont été autorisés à voter à toutes les élections – municipales, législatives et européennes.
> 5 On a constaté que les 16–17 ans ne sont pas moins intéressés que les autres. Mais le groupe est trop petit pour avoir un effet sur le taux de participation général.
> 6 L'effet serait minimum parce que les 16–17 ne constituent pas un nombre suffisamment important. Cela permettrait un discours intergénérationnel dans les parlements où des thématiques propres à la jeunesse seraient discutées.
> 7 Il croit que la prémajorité serait positive car elle encouragerait le processus de passage à l'âge adulte.
> 8 *students' personal response*

1c Answers will vary.

2 Écoutez cette interview de deux lycéens (Sylvain et Laurence) sur le vote à partir de 16 ans. Vrai (V), faux (F) ou information non-donnée (ND)?

1 F 2 ND 3 V 4 F 5 ND 6 V 7 F 8 V

Transcript

— Est-on prêt à voter à 16 ans? C'est une question qui fait débat depuis longtemps, depuis que Dominique Bertinotti, à l'époque la ministre déléguée à la famille, planchait sur un projet de prémajorité… d'une responsabilité accrue pour les jeunes de 16 à 18 ans avec davantage de droits, dont celui de la participation à la citoyenneté.

— Mais pour certains jeunes c'est trop, trop tôt. J'ai parlé avec Sylvain, porte-parole du conseil de classe dans ce lycée narbonnais.

— Nous sommes forcément contre le droit de vote à 16 ans. Il est clair qu'un lycéen de seconde n'aurait pas encore la compréhension du monde politique, ni le bagage culturel pour aller voter. À l'âge de 16 ans, malgré la crise d'adolescence et les sentiments de rébellion on est si influencé par sa famille, qu'on continue de penser comme elle. On n'est pas prêt à définir son choix politique quand on compte sur sa famille. La plupart de mes amis avoueraient qu'ils ne comprennent même pas le rôle du conseil municipal – et ça c'est la faute de l'école qui ne nous y prépare pas suffisamment.

— Et toi, Laurence, son amie, tu crois qu'on devrait couper la poire en deux?

— Oui, selon moi, le bon âge serait 17 ans puisqu'à cet âge-là on demande aux élèves de faire des choses difficiles. Par exemple, comme ils doivent choisir leurs études supérieures, leur filière, ils sont capables de se positionner lors d'élections. Je pense qu'on est influencé par le milieu familial pendant de très longues années et qu'on n'est pas moins influencé à 18 ans.

3 Answers will vary.

3 Answers will vary.

4 Answers will vary.

4.2 A: Les ados et l'engagement politique – motivés ou démotivés? (pp74–75)

1a Lisez le texte sur les idées reçues vis-à-vis de l'engagement politique des jeunes. Trouvez la bonne phrase (1–6) pour chaque idée reçue.

1 idée reçue 5   2 idée reçue 1   3 idée reçue 2
4 idée reçue 4   5 idée reçue 6   6 idée reçue 3

1b Relisez l'article « Six idées reçues sur les jeunes et la politique » et traduisez ces phrases en français.

Suggested answers

1   Les jeunes s'intéressent aux discussions sur les questions qui touchent le grand public.

2   Ils sont moins susceptibles de voter pour les partis traditionnels.

3   Certains sont énormément déçus que la démocratie en France ne fonctionne pas bien.

4   À l'échelle nationale, la politique est en décalage avec ce que veulent les jeunes.

5   Les grands partis seront évités par les jeunes si la connexion entre les hommes politiques et les jeunes n'est pas améliorée.

2 Answers will vary.

3 Remplissez les blancs avec la bonne forme du subjonctif.

1 vienne   2 ait   3 jouent   4 soit

4 Écoutez Khalil qui est membre du Parti démocrate-chrétien (PDC) en Suisse. Répondez aux questions en français.

Suggested answers

1   une fraîcheur; de la motivation; beaucoup d'espoir; aucune peur; la façon de travailler en groupe

2   Ils ont encore des illusions qui permettent d'aller plus loin pour affronter leurs problèmes.

3   Ce parti se concentre davantage sur des principes que sur une idéologie, ce qui laisse une marge de manœuvre beaucoup plus large que l'idéologie.

4   Il faut jouer sur les forces des jeunes; c'est-à-dire leur vision plus « révolutionnaire » et idéaliste; leur énergie et leur volonté d'apporter du changement.

Transcript

— Qu'apportent les jeunes à la politique?

— Une certaine fraîcheur, de la motivation. Nous les jeunes, nous avons encore beaucoup d'espoir, nous n'avons pas peur de nous engager, d'aller directement au front. Nous apportons aussi une autre façon de travailler, en groupe.

— Comme groupe, vous êtes plus optimiste?

— Oui, peut-être. Mais nous avons encore des illusions qui nous permettent d'aller plus loin pour affronter les problèmes de notre génération.

— Pourquoi avez-vous choisi le Parti démocrate-chrétien?

— Ce que j'ai aimé au PDC, c'est qu'il repose davantage sur des principes que sur une idéologie. Les principes laissent une marge de manœuvre beaucoup plus large que l'idéologie, représentation simpliste d'une réalité complexe.

— Comment motiver les jeunes à s'engager dans la politique?

— Il faut jouer sur leurs forces. Les jeunes ont certainement une vision un peu plus « révolutionnaire », idéaliste, de la vie et de l'avenir que leurs aînés. Ils ont l'énergie et la volonté d'apporter du changement.

5 Answers will vary.

4.2 B: Les ados et l'engagement politique – motivés ou démotivés? (pp76–77)

1 Lisez le texte et répondez aux questions en français.

Suggested answers

1 Il s'agit du résultat du premier tour des élections de (novembre) 2015; le Front national (FN) menait dans plusieurs régions – un choc; le taux d'abstention était très élevé.

2 mieux que prévu; le parti avait obtenu un tiers des votes au niveau national

3 Quatre points de plus chez les jeunes ont voté FN, en comparaison avec la moyenne nationale.

4 Les jeunes s'intéressent surtout à la question du chômage.

5 Parmi les jeunes, 14% de plus que la moyenne nationale ont décidé de ne pas voter.

2 Écoutez le reportage enregistré le lendemain du résultat du premier tour des élections 2015. Vrai (V), faux (F) ou information non-donnée (ND)?

1 F   2 ND   3 F   4 F   5 V   6 V   7 ND   8 V

Transcript

— J'ai avec moi Caroline Denis pour analyser le résultat du premier tour de ces élections régionales. Caroline, c'est un choc, n'est-ce pas?

— Oui, car le Front national est arrivé en tête. Sur les 13 régions que compte la France le Front national est en tête dans 6. Pour un soi-disant petit parti, c'est pas mal. Mais il faut se souvenir qu'il n'a remporté aucune région dès le premier tour puisqu'il n'a nulle part totalisé assez de voix.

— Mais le Front national pourrait en gagner plusieurs?

— Tout à fait. Il pourrait en gagner au moins deux dimanche prochain. Cela me trouble car cette fois plus d'un électeur sur 4 a voté pour ce parti d'idées contraires aux valeurs françaises. Jamais autant de Français n'ont voté pour lui.

— Caroline, avant ce premier tour, nous nous sommes demandé comment les jeunes électeurs allaient voter? Qu'en pensez-vous?

— En vérité le premier choix des jeunes électeurs a été, pour l'immense majorité d'entre eux, de ne pas participer au vote. Les trois quarts des 18–24 ans ne se sont pas exprimés. Et ces jeunes abstentionnistes peuvent changer le résultat, sans aucun doute. À condition qu'ils fassent le choix de s'exprimer. Les grands partis ont une semaine pour persuader cette génération Internet pour laquelle aller aux urnes est un choix de dernière minute.

3a Lisez le texte et l'infographie puis répondez aux questions en français.

Suggested answers

1 Au deuxième tour, un grand nombre de Français ont décidé de voter pour empêcher la victoire du FN. Le FN n'a emporté aucune région. Il y avait plus de régions gagnées pour la liste de la droite.

2 un sursaut de participation / beaucoup de jeunes ont voté pour empêcher le FN de vaincre

3 58%

4 une augmentation des voix exprimées; plus de soutien pour les partis de droite

3b Traduisez le texte en anglais.

Suggested answer

After a first-round fanfare for the National Front in the regional elections, a burst of participation played against the far-right party, which didn't win any regions on Sunday evening. Many young people moved / acted to prevent the National Front from winning, according to an exclusive survey. Among voters in the 18 to 30 age bracket, 78% report that they acted to block the National Front, that being / that is to say 6 points more than the rest of French voters.

4 Answers will vary.

4.3 A: Quel avenir pour la politique? (pp78–79)

1a **Lisez l'article et choisissez un titre (a–g) pour chaque idée proposée (1–7).**

5 a 6 b 4 c 7 d 2 e 3 f 1 g

1b Answers will vary.

2a **Écoutez l'interview d'Hélène, professeur de lycée et syndicaliste. Choisissez les cinq phrases vraies.**

3, 4, 5, 6, 8

2b Answers will vary.

Transcript

— Pourquoi, selon vous, existe-il actuellement une telle déconnexion entre la politique et les citoyens?

— Je pense qu'il y a une séparation bien marquée entre l'agenda politique et la vie des citoyens. La politique a une influence considérable sur la vie des citoyens… mais il ne faut pas que tout cela roule à sens unique. Les citoyens ont moins d'influence sur la vie politique qu'avant. Les hommes politiques fixent les grandes orientations de l'État, et l'État intervient dans tous les domaines de la vie.

— Est-ce que le niveau d'abstention est élevé parce que les Français ont du mal à reconnaître le rôle que joue la politique dans leur vie?

— Si les Français se désintéressent de la politique, ce n'est pas parce qu'elle a moins d'influence sur leur vie. Au contraire. Directement ou indirectement, tout est soumis à la volonté de la majorité exprimée: combien on paie d'impôts et reçoit d'argent public, ce qu'on apprend à l'école, à quelle vitesse on roule, ce qu'on peut manger, ce qu'on peut faire et ne pas faire.

— Ça n'a pas toujours été comme ça?

— Si, mais depuis quelques temps on a l'impression que les élus se préoccupent avant tout de leur propre sort; le premier objectif d'un élu, c'est son propre avenir. Les citoyens ne votent pas directement les lois donc ils élisent des représentants. Hélas, ces représentants semblent souvent très loin de ceux qu'ils représentent.

---

3 **Traduisez en français.**

Suggested answers

1 Il regrette que je ne puisse pas venir ce weekend.
2 Je préférerais que les étudiants écoutent les arguments.
3 Bien que je sois nerveux / nerveuse, je sais que je peux gagner.
4 Je préférerais qu'il parte avant la pluie.
5 Il est essentiel qu'il finisse le travail.
6 Il est possible qu'il ait oublié.

4a Answers will vary.

4b **Traduisez les idées 1–6 en anglais.**

Suggested answers

1 In order that the media fully exercise their role in challenging political authority, they must be independent of the state.
2 Too often the same names appear in the 'Politics' and 'Justice' sections of the newspapers.
3 School prepares people not to exercise critical judgement but to venerate the state and accept its authority.
4 In order to bring politics closer to citizens, it must be made more local. Decisions should be taken closer to those they affect.
5 Party influence needs to be reduced in order to place renewed influence on skills and ideas.
6 Political decision-making must be made more direct and returned to those who will be affected. / Politics must be made more direct by restoring to citizens (the ability) to make decisions about things that affect them.

5 Answers will vary.

4.3 B: Quel avenir pour la politique? (pp80–81)

1a **Lisez les opinions de six jeunes sur l'avenir de la politique en France. Écrivez un nom pour chaque question (1–6).**

1 Rachel 2 Jean-Paul 3 Nadège 4 Gilles
5 Olivier 6 Guillaume

1b **Traduisez l'opinion de Rachel en anglais.**

Suggested answer

In the current atmosphere and following the tragic events of recent months, it is essential to re-establish social cohesion in the heart of our society, which is so diverse and often indifferent. It is absolutely vital to be tolerant towards others, because unemployment and economic problems will keep stirring up tensions everywhere.

1c Answers will vary.

2 Écoutez l'interview de trois jeunes Marseillais sur la politique d'intégration et choisissez les bonnes fins de phrase.

1 c 2 b 3 c 4 b 5 a 6 a

Transcript

— Imrhan, comment la politique est-elle vue là où vous habitez?

— Dans les cités, on sait bien que la politique d'intégration a été un échec. Aucun gouvernement, ni de gauche ni de droite, n'a jamais accordé une priorité aux populations marginalisées, ou mises à part.

— Pensez-vous que les attentats récents étaient inévitables?

— Oui, on a vu un affrontement de plus en plus violent entre des populations françaises diverses mais incompatibles. Malheureusement, ce qui est souvent le marqueur principal, c'est la religion, pas la politique.

— Assia, qu'en pensez-vous?

— Ce qui a été formidable, c'est la réaction citoyenne dans toute la France et même dans le reste du monde. On a vu le rôle que peuvent jouer les citoyens dans une démocratie moderne. Cette unité d'esprit va être nécessaire parce que la France sait depuis longtemps qu'elle est la cible d'une campagne terroriste. On sait que rien ne sera plus comme avant.

— Dylan, est-ce que les jeunes comprennent la nouvelle situation depuis les attentats, à votre avis?

— Ben, bien sûr. On sait bien que la France est attaquée parce qu'elle comprend l'une des plus importantes communautés musulmanes d'Europe. Moi, je connais plein de gens de différentes cultures et nous sommes tous égaux, on le sait bien. Oui, on a des racines familiales d'ailleurs mais nous sommes tous des Français qui veulent défendre les valeurs de notre démocratie. Il faut qu'on fasse ça de manière adulte, quoi. Ce n'est pas une question de voter pour l'extrême droite, il s'agit de trouver des solutions dans les cités où la vie est dure pour tout le monde. Peut-être que si nous pouvions répondre à des questions politiques de manière plus directe – je fais allusion aux référendums – on pourrait avoir une voix qui se ferait entendre.

3 Answers will vary.

Résumé: Démontrez ce que vous avez appris! (p82)

1 Reliez les mots 1–10 aux traductions en anglais a–j.

1 c 2 j 3 b 4 f 5 i 6 e 7 d 8 h 9 a 10 g

2 Reliez le début et la fin des phrases.

1 d 2 g 3 a 4 h 5 e 6 b 7 c 8 f

3 Traduisez en français.

Suggested answers

1 Les jeunes ne s'intéressent pas à la politique.
2 Ils sont plus susceptibles de faire leur choix à la dernière seconde.
3 Plus de la moitié de mes amis n'ont aucune intention de voter.
4 Il est très important de s'engager dans le débat politique.
5 Il est essentiel que la planète soit protégée.
6 L'enjeu le plus important pour les jeunes à l'heure actuelle est celui du chômage.
7 Certains veulent empêcher le Front national de remporter plus d'élections.
8 Actuellement, le taux d'abstention est trop élevé donc les jeunes doivent se rendre aux urnes.

4 Remplissez les blancs avec le bon mot de la case.

1 devoir 2 citoyens 3 semblent 4 semble
5 soit 6 faut 7 doit 8 nés

Résumé: Testez-vous! (pp83–85)

1a Lisez le texte et pour chaque phrase écrivez vrai (V), faux (F) ou information non-donnée (ND).

1 V 2 ND 3 V 4 V 5 ND 6 F 7 V 8 ND 9 V 10 F

1b Answers will vary.

2 Lisez ce texte d'un site Internet et traduisez-le en anglais.

Suggested answer

Once again the question of the legal voting age has arisen in France. This follows the publication of a white paper / bill that will be debated in the National Assembly in the coming weeks. The issues that usually arise during these discussions are well known. Are young people of 16–18 years of age mature enough to understand political questions? There are those who claim that young people are too susceptible to their family background and that it is only when they reach the age of 18 that they mature in this regard. Others claim that young people are not really interested in politics, but it seems that recent statistics do not support this theory.

3 Answers will vary.

4a Écoutez la première partie de l'interview avec François, membre et bénévole du mouvement de jeunes du parti MoDem. Choisissez la bonne réponse.

1 c   2 b   3 c   4 a

Transcript

— Est-ce que les aînés de votre parti vous écoutent?

— On a des réunions assez régulièrement, quelquefois avec les députés. Quand nous n'approuvons pas un de leurs programmes nous leur disons. Et ils prennent nos réactions en compte.

— Et cela peut changer la direction d'un projet de loi, par exemple?

— Quelquefois, oui. Mais nous sommes aussi là pour expliquer notre point de vue. Par exemple, si les aînés ne comprennent pas pourquoi certains jeunes descendent dans la rue, nous leur expliquons que ces jeunes doivent certainement avoir une bonne raison de manifester.

— Est-il toujours possible de défendre ces manifs?

— Non, pas toujours. Mais mon rôle est d'expliquer ce qui se passe.

— On dit que votre rôle principal est de taper sur les chefs.

— Hé oui! Il faut souligner l'importance d'un débat interne à la famille politique. Quitte à reconnaître des désaccords entre deux générations d'une même structure... Il faut pouvoir exister.

4b Écoutez la deuxième partie de l'interview et répondez aux questions en français. Essayez de répondre le plus directement possible aux questions et d'écrire des réponses concises. Il n'est pas toujours nécessaire de faire des phrases complètes.

Suggested answers

1   Les jeunes sont plus ouverts sur des questions sociétales. Les bonnes conversations inspirent les membres.

2   l'homosexualité; l'euthanasie

3   C'est un rôle d'intermédiaire entre la jeunesse et le MoDem. / Le MoDem écoute les jeunes. Les jeunes écoutent le MoDem.

4   la diffusion de ses idées et de ses programmes; la contribution au renouvellement et à la pérennité du parti

Transcript

— Vous trouvez que le parti est ouvert à votre point de vue?

— Bien sûr. Qui dit plus jeune, dit aussi plus ouvert sur des questions sociétales. Les Jeunes démocrates veulent se différencier du MoDem sur l'homosexualité et l'euthanasie. Peu importe qu'on n'ait pas assez de chance pour se faire écouter. Les bonnes conversations inspirent les idées. Nous, les Jeunes démocrates, portons la voix de la jeunesse auprès du MoDem et la voix du MoDem à la jeunesse.

— Avec vos oppositions, êtes-vous responsables des fractures dans le parti?

— Un peu... mais, en fin de compte, nous restons de la même famille, avec un projet et des valeurs communes. Il s'agit d'une entité dirigée par un seul chef. Notre désir est de diffuser nos idées et nos programmes et de contribuer au renouvellement et à la pérennité du parti.

5 Answers will vary.

6a Lisez l'article sur la participation des jeunes à la politique et trouvez des synonymes pour les expressions 1–8.

1 tandis que   2 signifie   3 agir   4 innovation
5 compétences   6 volonté   7 expérience
8 sentiment d'appartenance

6b Traduisez en anglais le deuxième paragraphe du texte (« La participation des jeunes signifie... »).

Suggested answer

The participation of young people means that they have their say in a significant way on the issues that affect their lives. There are different ways to act, depending on / according to the level and the context; for example, by getting involved in local politics or participating in a forum for young people. When young people participate, they bring creativity and innovation, especially because young people understand the needs of young people better.

7 Answers will vary.

5 **Manifestations, grèves – à qui le pouvoir?**

Pour commencer (pp88–89)

1 Pour chaque phrase, devinez vrai (V) ou faux (F). Si vous n'êtes pas sûr(e), cherchez les réponses en ligne.

1 F   2 F   3 V   4 F   5 V   6 F   7 F   8 F

2 Sans utiliser un dictionnaire, écrivez une définition en anglais des termes suivants.

Suggested answers

1 pay(ment), wage, salary
2 a trade union
3 to take on, hire (give someone a job)
4 a representative, delegate
5 a demonstration, protest march
6 a job
7 a procession, protest march
8 to debate, discuss

3 Answers will vary.

4 Lisez les points de vue sur les syndicats. Pour chaque opinion, écrivez P (positif), N (négatif) ou P + N (positif et négatif).

1 P + N 2 N 3 N 4 P 5 N 6 N 7 P

5.1 A: Le pouvoir des syndicats (pp90–91)

1 Lisez le texte sur les syndicats en France et choisissez les bonnes fins de phrase.

1 b 2 b 3 a 4 a 5 c 6 a

2a Écoutez la première partie de l'interview de Laure et Yasmine, deux salariées d'une entreprise de taille moyenne en France, qui parlent des syndicats. Choisissez les trois phrases qui sont vraies.

1, 4, 5

Transcript

— Laure, est-ce que vous adhérez à un syndicat?

— Personnellement non, et c'est normal parmi mes collègues. Les syndicats ne représentent plus grand-chose.

— Pourquoi vous dites ça?

— Eh bien, il suffit de regarder dans les rues. Ils essaient de faire le plus de bruit possible pour compenser leur faiblesse numérique dans les manifestations.

— Vous êtes d'accord, Yasmine?

— Mon avis sur les syndicats a changé au cours des cinq dernières années. Ayant été déléguée syndicale, j'ai pu constater le pouvoir de nuisance

des organisations dites « représentatives ». Bloquer les dossiers, assurer l'avancement des « encartés », monopoliser les petits avantages qui passent par le comité d'entreprise au profit des délégués ou des représentants, influencer les élections, empêcher d'autres organisations de se présenter... bref, la liste serait trop longue. Le pouvoir de nuisance est leur vrai pouvoir.

— Et c'est ça. En tant qu'organisation qui représente les travailleurs à la fois par le monopole qui leur est conféré et par les sources de financement qui y sont associées. Ce n'est pas un système qui marche bien. Ce n'est qu'une aubaine pour leurs dirigeants qui se tournent vers des carrières dans la politique! Souvent, sur tous les travailleurs qui sont représentés, très peu adhèrent à un syndicat.

2b Écoutez la deuxième partie de l'interview. Choisissez les deux phrases qui sont vraies.

3, 4

Transcript

— Yasmine, le système français est très différent de ce qu'on trouve ailleurs, n'est-ce pas? Le taux d'adhésion est très bas?

— Oui, c'est vrai, mais il faut également dire que les gouvernements de droite surtout mais aussi de gauche n'ont rien fait pour que le nombre de syndicalistes augmente, au contraire. Si les syndicats n'ont que 8% d'adhérents il ne faut pas oublier que lors des élections professionnelles le taux de participation dépasse souvent les 80%. On pourrait faire une étude sur ce que représentent les partis politiques en France en nombre d'adhérents payants. C'est pauvre, hein!

2c Answers will vary.

3 Traduisez en français.

Suggested answers

1 Un délégué syndical? Oui, il y en a un dans notre entreprise.
2 Je te dis de le faire tout de suite.
3 Il m'a téléphoné pour me l'expliquer.
4 Est-ce que j'aime (bien) Marie et Simon? Oui, je les aime beaucoup.
5 Ils ne le savaient pas, donc je leur ai tout dit / raconté.
6 Luc nous a expliqué comment il y est arrivé.

4 Answers will vary.

5.1 B: Le pouvoir des syndicats (pp92–93)

1a Lisez l'article sur la grève des employés d'Air France. Répondez aux questions en français.

> **Suggested answers**
>
> 1   13% de vols annulés, soit 181 vols des aéroports de Paris ce jour-là
>
> 2   les hôtesses et stewards d'Air France
>
> 3   l'accord entre Air France et ses hôtesses et stewards, dont la durée (17 mois) est jugée « insuffisante »
>
> 4   la durée de trois à cinq ans, voire indéterminée, comme les autres catégories du personnel
>
> 5   Les syndicats croient que la direction d'Air France reviendra dans un an avec un accord moins favorable encore.
>
> 6   une baisse de rémunération équivalente à « un mois de salaire par an »
>
> 7   une grève qui a lieu pendant l'été quand beaucoup de gens partent en vacances ou reviennent de vacances
>
> 8   de renouveler l'accord existant jusqu'en mars 2018, avec des petites modifications
>
> 9   à la question portant sur la durée de l'accord
>
> 10 La direction d'Air France n'a pas l'intention de négocier pendant la grève.

1b Traduisez le troisième paragraphe en anglais (« Le conflit porte … plus élevées. »).

> **Suggested answer**
>
> The conflict is less about the content of the agreement than its duration (17 months), deemed 'insufficient' by the unions, who are demanding three to five years or even an agreement of indefinite duration, as with all other categories of staff. By accepting / If they accept a 17-month agreement, the unions fear that the company will use 'the slightest reversal in trends' as an excuse to resume negotiations in a year's time, with much higher demands.

2 Answers will vary.

3 Answers will vary.

> **Transcript**
>
> — Henri, quel est le véritable poids des syndicats en France?
>
> — Les syndicats français ne sont pas comme ailleurs en Europe. On les voit partout, mais ça cache des vérités. Ils sont souvent en tête des cortèges de manifestants, sont fréquemment invités à exposer leurs revendications dans les ministères, même à l'Élysée, et disent parler au nom des salariés. Soit au niveau national, soit au sein d'une entreprise, les syndicats sont quotidiennement sur le devant de la scène politique et sociale en France.
>
> — Mais il y a un chiffre qui interpelle: seuls 7% à 8% des salariés français sont syndiqués, l'un des taux les plus faibles d'Europe. Ce qui soulève la question: le système syndical tel qu'il existe actuellement est-il toujours légitime?
>
> — Alors, comment est-ce que les syndicats exercent tant de pouvoir en France?
>
> — En fait, les syndicats sont plutôt bien présents dans les entreprises françaises: 56% d'entre elles possèdent un groupe syndical. Les syndicats français participent aux négociations des droits et devoirs des salariés. Plus de 98% de ces salariés sont sous un régime de convention collective propre à leur branche et négocié par les syndicats, même s'ils n'y adhèrent pas.
>
> — C'est une situation heureuse alors, surtout pour les Français qui ne paient pas les cotisations!
>
> — Oui, en effet! Pourtant, selon une enquête récente, seuls 28% des Français feraient confiance aux syndicats pour défendre leurs droits.

4 Answers will vary.

5.2 A: Manifestations et grèves – sont-elles efficaces? (pp94–95)

1 Écoutez ces lycéens qui parlent des grèves en France. Qui dit quoi? Écrivez un nom pour chaque opinion donnée: Florian, Nadine, Julie.

1 Florian   2 Nadine   3 Florian   4 Julie
5 Nadine   6 Julie

> **Transcript**
>
> Florian
>
> — Pourquoi les travailleurs français réagissent-ils de cette façon? Pourquoi sont-ils toujours en train de faire grève? Pourquoi y a-t-il constamment des mouvements de grèves? L'impact des grèves se fait vraiment sentir sur l'économie.
>
> Nadine
>
> — Pas étonnant que la France ait la réputation d'être championne du monde des grèves: nos rapports sociaux sont basés sur des rapports de force.
>
> Julie
>
> — La France fait-elle plus souvent grève que ses voisins? C'est le cliché… mais c'est difficile à analyser puisque nous ne disposons pas de statistiques européennes.

2 **Lisez le texte et choisissez la bonne réponse.**

1 c 2 c 3 a 4 a 5 b 6 a

3a **Lisez cet article sur la loi Travail. Choisissez les trois phrases qui sont vraies.**

3, 4, 6

3b **Traduisez en français.**

> **Suggested answer**
>
> Hier, il y a eu à Paris une autre manifestation contre les propositions du gouvernement pour la loi sur les heures de travail. Le défilé s'est déroulé dans le calme hormis de brèves échauffourées. Les dirigeants syndicaux étaient encore une fois en réunion avec le Premier ministre dans l'espoir de surmonter les profonds désaccords sur le projet de loi actuel envoyé au Sénat le mardi dernier.

4 Answers will vary.

5 Answers will vary.

5.2 B: Manifestations et grèves – sont-elles efficaces? (pp96–97)

1a **Lisez les deux articles au sujet d'une manifestation exceptionnelle. Répondez aux questions en français.**

> **Suggested answers**
>
> 1   pour avoir enfermé deux cadres dirigeants dans leur usine pendant 30 heures
>
> 2   Ils n'ont pas reçu de peine supplémentaire.
>
> 3   C'était « un coup de colère » face au manque de réponse de la part de la direction vu la « détresse sociale » dans laquelle se trouvaient les salariés. L'entreprise a fermé (ses portes) quelques jours plus tard.
>
> 4   Elle a publié un message sur Twitter malgré l'usage qui impose à un membre du gouvernement de ne pas critiquer une décision de justice.
>
> 5   Elle croyait que la décision était lourde, et elle a exprimé son émotion fraternelle.
>
> 6   Il voudrait voir la même sévérité de punition à l'égard des patrons concernés.
>
> 7   Il les a décrites comme une « criminalisation scandaleuse de l'action syndicale ».
>
> 8   *students' personal response*

1b Answers will vary.

2 Answers will vary.

> **Transcript**
>
> — Hélène, quel est le secteur de la population active le plus susceptible de faire grève?
>
> — Évidemment, la fonction publique a une part historiquement plus élevée que le secteur privé dans le nombre et la durée des conflits de travail.
>
> — Et est-ce qu'il y a, en particulier, une industrie qu'on tient pour responsable de cette situation?
>
> — Le transport, surtout la SNCF, qui emploie 1% de la population active, est responsable d'une part importante des journées de travail perdues; une journée de grève coûterait 20 millions d'euros. Le transport aérien est également souvent concerné.
>
> — Pourquoi le secteur public fait-il plus fréquemment grève, à votre avis?
>
> — Cette fréquence des conflits dans le secteur public constitue l'une des nombreuses « exceptions françaises » en ce qui concerne le travail. Elle est favorisée par l'impact des grèves des services publics sur l'ensemble de l'économie et sur la vie des citoyens-usagers. Elle est aussi la conséquence d'une culture de grève en France.
>
> — Comment pourrait-on changer cette culture?
>
> — Ce serait difficile en ce moment puisque le modèle culturel français laisse aux individus ou groupes minoritaires une assez grande marge de jeu leur permettant de profiter de leur attachement à la liberté de la grève comme droit imprescriptible et inviolable.

3 **Remplissez les blancs avec le bon pronom.**

1 que   2 qui   3 dont   4 Ce qui   5 lesquelles   6 que

4 Answers will vary.

5.3 A: Attitudes différentes envers ces tensions politiques (pp98–99)

1a **Lisez le texte sur une manifestation à Paris. Trouvez l'équivalent en français.**

1 manifestation   2 dispositif   3 également
4 interdiction   5 tollé   6 à l'issue de / d'   7 grave
8 pourchassé   9 infraction   10 fondamental

1b Relisez le texte et répondez aux questions en français.

> **Suggested answers**
>
> 1 un parcours réduit
>
> 2 2 000 policiers; interdictions sur une centaine de personnes; un dispositif de pré-filtrage des foules
>
> 3 dans le cortège; à proximité de points sensibles
>
> 4 Le préfet de police de Paris a interdit le défilé.
>
> 5 un tollé politique et syndical
>
> 6 Le changement a été salué comme une victoire pour les syndicats et la démocratie.
>
> 7 à cause des dysfonctionnements du maintien de l'ordre pendant les manifestations précédentes
>
> 8 les casseurs en tête du cortège
>
> 9 des peines ou des poursuites dépourvues de tout fondement
>
> 10 Ils disent que le gouvernement bafoue et s'oppose à la sécurité nécessaire lors des manifestations.

1c Traduisez le cinquième paragraphe en anglais (« L'autorisation de la manifestation … et la démocratie »).

> **Suggested answer**
>
> Authorisation for the demonstration in Paris was obtained later that morning, following a meeting between the interior minister and the general secretaries of the CGT. The two trade union leaders hailed a 'victory for trade unions and democracy'.

2a Écoutez la première partie de l'interview avec Quentin et Amélie sur les grèves et manifestations en France. Vrai (V), faux (F) ou information non-donnée (ND)?

1 F   2 V   3 ND   4 F   5 V   6 V

> **Transcript**
>
> — Quentin, que pensez-vous des grèves?
>
> — Alors, si c'est vraiment nécessaire, s'il n'y a aucune autre solution envisageable, je pense qu'on doit faire grève. Le problème ici dans ce pays c'est qu'on s'habitue et que ça devient normal, quoi…
>
> — Faire grève, c'est un truc français. Au Moyen Âge, les gens allaient au bord de la Seine à Paris, place de Grève. Ceux qui s'y rendaient le faisaient dans le but de trouver du travail. Faire grève signifiait alors se tenir sur la place et attendre du travail!
>
> — Et vous, Amélie, que pensez-vous de ceux qui font grève?

> — Moi, je comprends, et ce n'est pas aussi simple que ça. Lorsqu'on fait grève, il y a des implications légales à considérer. Si les négociations ne se terminent pas par une solution, que fait-on? Il faut se rappeler que pendant une grève les salariés ne touchent pas de salaire et que les entreprises ne gagnent plus d'argent. Ce n'est pas facile, hein!

2b Écoutez la deuxième partie de l'interview. Choisissez les bonnes fins de phrase.

1 b   2 c   3 a   4 b

> **Transcript**
>
> — Des fois on a tendance à mélanger les grèves et les manifestations…
>
> — Oui, depuis le 19e siècle « faire grève » c'est arrêter de travailler afin d'obtenir de meilleures conditions, mais c'est aussi une mobilisation… Disons, des lycéens qui cessent d'aller en cours pour protester. C'est ce que je n'aime pas.
>
> — Pourquoi?
>
> — Manifester oui, je comprends, mais il y a aussi dans ce pays une tradition de protester contre les choses qu'on trouve injustes… ou bien que l'on n'aime pas. Mais arrêter d'aller en cours, pour moi, ce n'est guère mérité. C'est une excuse.
>
> — En plus il y a les problèmes des casseurs… ceux qui viennent aux manifs pour créer des problèmes, pour injurier la police, pour être violents. Cela devient de plus en plus difficile à gérer, et ce sont les syndicats qui sont responsables de l'ordre pendant leurs défilés.

3 Answers will vary.

4 Answers will vary.

> **Transcript**
>
> Fermeté affichée par Manuel Valls hier après la violence aux manifestations ici à Paris. Le Premier ministre a condamné les violences de la veille, lors de la manifestation contre la loi Travail à Paris. Dénonçant l'attitude « ambiguë » du service d'ordre de la CGT vis-à-vis des casseurs, il a appelé le syndicat à ne plus organiser de grandes manifestations à Paris.
>
> Il a déclaré que le texte sur la loi Travail n'évoluerait pas en affirmant que la position du gouvernement n'est pas une posture mais une réponse à l'intérêt général. Il a ajouté que le texte est déjà le résultat d'un compromis avec les syndicats réformistes il y a plusieurs mois.
>
> Il a souligné que les violences ne peuvent pas être acceptées et a accusé les organisateurs d'avoir laissé 700 à 800 casseurs s'infiltrer au sein de la manifestation.

D'ailleurs il a demandé à la CGT de ne plus organiser ce type de manifestations sur Paris et au cas par cas, faisant ainsi référence au fait que le gouvernement n'est pas autorisé à prononcer une interdiction générale, et il a ajouté que chaque ville prendrait ses propres responsabilités.

5.3 B: Attitudes différentes envers ces tensions politiques (pp100–101)

1a Answers will vary.

1b Relisez les textes et la partie « Grammaire », puis traduisez les phrases en français.

> **Suggested answers**
>
> 1   Plus des trois quarts des Français ne connaissent pas les raisons de cette grève.
>
> 2   Deux semaines après le début du mouvement et le public fait peu de confiance au gouvernement pour résoudre ce conflit.
>
> 3   Cette prise d'otage indigne des syndicats a scandalisé le secrétaire général de l'UMP.
>
> 4   Ces candidats ont dû stresser tout le weekend pour savoir s'ils seraient présents ce matin.
>
> 5   Cette grève va se poursuivre vendredi avec les mêmes perturbations attendues.
>
> 6   Le ministre a dit que la SNCF appartient aux Français, et non aux syndicats, ni à la direction.

2a Lisez l'extrait du roman *Élise ou la Vraie Vie*. Traduisez les expressions 1–6 en anglais.

> **Suggested answers**
>
> 1 workshop   2 aisle   3 to settle up, pay
> 4 to smile widely, smile broadly, grin
> 5 friendly tap, pat   6 piece of advice

2b Relisez l'extrait et répondez aux questions en français.

> **Suggested answers**
>
> 1   Ça l'intéresse. Elle veut adhérer.
>
> 2   adhérer à un syndicat; parler avec les Algériens (son copain est algérien)
>
> 3   les machines dans l'usine – les ouvriers travaillent dans de longues allées

3 Écoutez les micros-trottoirs (1–7) sur les tensions de pouvoir au travail. Pour une attitude positive, notez P. Pour une attitude négative, notez N. Pour une attitude positive et négative, notez P + N.

1 N   2 P   3 N   4 P + N   5 P + N   6 P   7 N

> **Transcript**
>
> 1   Les syndicats ont tué trop d'entreprises. Leur capacité de nuisance maximale pour défendre leurs membres agit au détriment de l'économie et de la société. Qui a envie d'investir pour se retrouver face aux gros bras de la CGT?
>
> 2   Le droit de grève est vital. En effet, il paraît normal que les travailleurs puissent s'exprimer et défendre leurs droits si cela devient nécessaire.
>
> 3   En France, le problème est que certaines entreprises se sont fortement politisées au point de s'occuper davantage de politique que de leurs employés.
>
> 4   Il est bien dommage que les Français n'aient plus confiance dans la classe politique! Sans les politiques, historiquement et aujourd'hui, les droits des désavantagés ne seraient pas représentés.
>
> 5   Aujourd'hui, on a tendance à dénoncer l'inutilité et l'archaïsme des syndicats, alors qu'ils souffrent probablement d'une ignorance croissante de la part du public, en ce qui concerne leur rôle et leur histoire.
>
> 6   Le rôle des grèves? Sans elles, le peuple n'aurait pas de voix. Certaines lois injustes n'auraient jamais été abandonnées ou changées si on n'avait pas fait grève.
>
> 7   Seuls ceux qui font référence au vingtième siècle trouvent dans le passé des raisons morales aux syndicats. Il y a trop d'exemples récents où ils ont défendu le statu quo... on n'a qu'à penser à Air France et Radio France. Et pourquoi? Ce sont sans doute les privilèges payés par nos impôts.

4 Answers will vary.

Résumé: Démontrez ce que vous avez appris! (p102)

1 Reliez les mots 1–15 avec leur équivalent en anglais a–o.

1 g   2 h   3 k   4 c   5 l   6 b   7 n   8 o   9 e   10 i   11 f
12 m   13 a   14 j   15 d

2 Traduisez en français.

> **Suggested answers**
>
> 1   Les grèves peuvent provoquer la colère parmi le public.
>
> 2   La France possède une réputation pour les grèves parmi sa main-d'œuvre.

3 Les représentants syndicaux se réunissent souvent avec la direction pour discuter des conventions collectives.

4 Moins de travailleurs adhèrent aux syndicats en France qu'ailleurs en Europe.

5 Le pouvoir des syndicats en France reste important.

6 Les politiciens et les dirigeants syndicaux doivent apprendre à travailler ensemble pour le bienfait de la main-d'œuvre et de la société dans son ensemble.

3 Answers will vary.

4 Answers will vary.

Résumé: Testez-vous! (pp103–105)

1 Lisez le texte « Manifestations en France… », puis répondez aux questions en français. Essayez de répondre le plus directement possible aux questions et d'écrire des réponses concises. Il n'est pas toujours nécessaire de faire des phrases complètes.

Suggested answers

1 à Paris

2 un projet de loi modifiant le Code du travail français

3 La situation en France est similaire au mouvement étudiant du Québec. Le projet de loi Travail rendrait la vie des étudiants plus difficile.

4 Actuellement, on peut travailler 25% d'heures comme heures supplémentaires. Le gouvernement propose 10% à la place de 25%.

5 Les étudiants qui travaillent pour couvrir leurs frais pourraient gagner moins. La loi n'inciterait pas les employeurs à embaucher des étudiants.

2 Answers will vary.

Transcript

— Martin, vous portez le carré rouge… c'est un morceau de feutrine rouge… comme symbole. Qu'est-ce que ça veut dire?

— Alors, comme au Québec, les étudiants de Paris 8 espèrent faire du carré rouge le symbole universel de tous les opposants au projet de loi Travail.

— Nadine, je vois que vous le portez aussi. Ça marchera comme symbole?

— Je pense que oui! La version française est un peu différente quand même. Nous, les étudiants de Paris 8, nous avons voté en assemblée générale mardi pour découper un rectangle et non un carré, en référence au Code du travail, un livre rectangulaire rouge. On veut que les gens le portent pour avoir tous les jours une visibilité dans la rue.

— Jeudi, dans le cortège à Paris, on a vu que le symbole avait été repris sur des pancartes et par plusieurs syndicats. Donc oui, ça marche.

— Donc, c'est un symbole d'origine canadienne, mais pourquoi le carré, et pourquoi est-ce rouge?

— On l'a créé en 2005 je pense. Le carré rouge a été imaginé pour représenter le slogan « les étudiants carrément dans le rouge ».

— C'était lors du mouvement contre la réforme du régime d'aide financière aux études. Mais c'est en 2012 que le carré rouge est vraiment devenu le truc populaire pour les revendications étudiantes.

3 Answers will vary.

4 Answers will vary.

5a Lisez le texte « Quel est le vrai visage des casseurs? ». Trouvez l'équivalent des mots 1–8 dans les quatre premiers paragraphes du texte.

1 mouvement 2 comportement 3 provoquent 4 systématiquement 5 brisant 6 opportunistes 7 dissimulé 8 objectifs

5b Relisez le texte et choisissez les quatre phrases qui sont vraies.

2, 5, 6, 8

5c Traduisez en anglais le troisième paragraphe du texte (« Dans les médias … les forces de l'ordre. »).

Suggested answer

In the media, the 'troublemakers' are people without a real ideology, who use street protests opportunistically as a pretext for satisfying their destructive impulses. When they protest, their faces hidden with scarves, this [i.e. hiding their faces with scarves] is as much to avoid being identified as to protect themselves from the police's tear-gas grenades.

5d Answers will vary.

6 Relisez le texte et traduisez en français.

Suggested answer

L'impact des « casseurs » sur les manifestations est inquiétant. Ces personnes apparaissent souvent à la tête des cortèges, et semblent généralement être jeunes et radicales, présentes seulement dans le but de hurler des insultes / injures à la police et d'inciter à la violence. Mais il est possible que parmi elles se trouvent des manifestants « légaux », habillés de la même façon afin de pouvoir confronter la police avec de l'aide à leurs côtés. En ce qui concerne les casseurs, beaucoup sont plus organisés que l'on pense au premier abord. Ils assistent souvent aux réunions qui ont lieu à l'avance et, lors des manifestations, ils portent des cagoules à la fois pour se protéger et cacher leur identité.

7 Answers will vary.

6 La politique et l'immigration

Pour commencer (pp108–109)

1 Devinez la bonne réponse.

1 a   2 c   3 a   4 b   5 c

2 Answers will vary.

3 Écoutez ces quatre personnes qui parlent de l'immigration. Faites un résumé en français de ce que chaque personne dit suivant ces points.

Suggested answers

1   Mohamed: On parle ici de la Belgique. Presque 50% des immigrés viennent de l'UE. 8% des immigrés viennent du Maroc tandis que 4% des immigrés viennent de la Turquie. Les salaires inférieurs des immigrés sont une source de tension.

2   Océane: En France, les immigrés viennent du Portugal, d'Espagne, d'Angleterre, d'Allemagne et d'Italie. Il y en a aussi qui viennent du Maroc et d'Algérie. Le problème le plus grand, c'est l'immigration illégale.

3   Léo: En Suisse, les immigrés arrivent d'Inde, d'Espagne et du Portugal. Ici, c'est le fait que les étrangers sont considérés comme la source de l'hostilité et du conflit qui est problématique.

4   Maeva: Au Canada, la plupart des immigrés viennent des Philippines ou de Chine. Le problème, c'est que l'infrastructure économique de certaines régions est menacée à cause du coût élevé de l'immigration.

Transcript

Mohamed

—   En 2010, 18% de la population belge se composait d'immigrés. Les citoyens des États membres de l'Union européenne représentent presque la moitié de la population étrangère. 8% des immigrés viennent du Maroc et 4% d'entre eux viennent de la Turquie. En Belgique, les immigrés sont quelquefois moins payés pour les mêmes emplois que les personnes d'origine belge. Cela cause de la tension.

Océane

—   Entre 2006 et 2013 le nombre d'immigrés en France a augmenté de 22%. Chaque année, on continue d'accueillir environ 900 000 étrangers. Presque la moitié de ces étrangers viennent des autres pays européens, principalement le Portugal, l'Espagne, l'Angleterre, l'Allemagne et l'Italie. 30% des nouveaux arrivants viennent d'Afrique (dont 7% du Maroc et 7% d'Algérie). Le plus problématique, ce sont les sans-papiers qui franchissent les frontières du pays afin de s'y installer illégalement.

Léo

—   La Suisse est un pays d'accueil qui attire les immigrés. Ceux-ci arrivent principalement d'Inde, d'Espagne et du Portugal, tous à la recherche de salaires intéressants dans un pays où le taux de chômage est un des plus bas au niveau mondial. Comme dans la plupart des pays à l'heure actuelle, la population étrangère commence à être considérée comme une source d'hostilité et de conflit.

Maeva

—   Au Canada, la plupart des immigrés viennent des Philippines ou de Chine. Depuis 1991, le Canada accueille environ 250 000 immigrés par an. C'est un accueil considéré inutile par un nombre croissant de personnes et c'est une admission au pays sans relâche qui menace l'infrastructure économique de plusieurs régions.

4 Reliez les expressions (1–8) aux définitions (a–h).

1 c   2 h   3 e   4 g   5 a   6 b   7 d   8 f

5 Answers will vary.

6.1 A: Solutions politiques à la question de l'immigration (pp110–111)

1a Lisez le texte. Trouvez des synonymes pour les expressions 1–10.

1 graduellement   2 hausse   3 réduit   4 en priorité
5 vis-à-vis de / par rapport à   6 librement   7 efficaces
8 à la suite de   9 divers   10 selon

1b Relisez le texte et répondez aux questions en français.

> **Suggested answers**
>
> 1   Le taux de natalité en France tombait plus bas que le taux de mortalité.
> 2   L'État a proposé de compenser le déficit en ouvrant le pays aux immigrants étrangers.
> 3   d'Algérie
> 4   à cause de son histoire de colonialisme en Algérie / Afrique
> 5   Ils pouvaient se déplacer librement entre les deux pays en tant que sujets français.
> 6   selon le gouvernement au pouvoir

2a Complétez les phrases avec la bonne forme du verbe au passé composé.

1 a dû   2 a été   3 ont éclaté   4 a atteint

2b Complétez les phrases avec la bonne forme du verbe à l'imparfait.

1 habitaient   2 cherchait   3 avait   4 voulions

3a Écoutez ce reportage sur l'immigration en France. Trouvez l'équivalent en français.

1   le débat sur l'immigration
2   (ils) façonnent l'opinion commune
3   la plupart du temps
4   (des / les) idées reçues
5   (les) emplois les plus qualifiés
6   à l'opposé
7   deux fois plus nombreux

3b Réécoutez le reportage et notez si les phrases sont vraies (V) ou fausses (F).

1 V   2 F   3 V   4 F   5 V   6 F   7 F

3c Réécoutez et corrigez les phrases fausses de l'activité 3b.

> **Suggested answers**
>
> 2   Les conclusions de l'ouvrage bouleversent beaucoup d'idées reçues.
> 4   Les descendants des immigrés sont sous-représentés dans les cadres intermédiaires.
> 6   Les immigrés maghrébins sont beaucoup moins actifs sur le marché du travail.
> 7   Les immigrés, ainsi que leurs descendants, déclarent être plus souvent victimes de discrimination que les autres Français.

Transcript

Quelle est la réalité de l'immigration en France?

Objet de manipulations politiques, le débat sur l'immigration souffre d'une insuffisance « scientifique ». Faute de connaissances précises, les chiffres les plus fous circulent et façonnent l'opinion commune. La société française croit connaître la réalité de l'immigration mais n'en perçoit, la plupart du temps, qu'une image caricaturale. Un nouvel ouvrage publié par l'Insee permet, heureusement, de recadrer le débat grâce à un rigoureux travail d'enquête dont les conclusions bousculent un bon nombre d'idées reçues. Avant de considérer des solutions proposées aux problèmes de l'immigration, considérons la réalité de la situation.

Les immigrés accèdent difficilement aux emplois les plus qualifiés.

Les immigrés sont surreprésentés chez les ouvriers et les employés. Et les descendants d'immigrés sont moins souvent présents chez les cadres ou les professions intermédiaires que parmi les autres Français.

Les descendants d'immigrés africains, moins diplômés, occupent plus souvent des emplois précaires.

Globalement les descendants d'immigrés d'Afrique sont pénalisés sur le marché de l'emploi.

Le taux d'activité dans le domaine de l'emploi des immigrés varie selon le pays d'origine.

Les hommes et les femmes venus du Portugal et d'Afrique subsaharienne sont les plus actifs sur le marché du travail (80%). Leur participation dépasse même celle des non-immigrés (78%). À l'opposé, les immigrés issus du Maghreb, de l'Espagne, de l'Italie ou de la Turquie sont les immigrés les moins actifs.

Les immigrés sont deux fois plus nombreux à se déclarer victimes de discrimination.

14% des Français affirment avoir vécu une discrimination en raison de leur sexe, de leur âge ou de leur origine. Deux fois plus d'immigrés ou d'enfants d'immigrés se plaignent de faits comparables. En Île-de-France, les descendants d'immigrés se sentent au moins autant discriminés que les immigrés. Dans cette région, deux tiers des personnes déclarant avoir été discriminées ont un lien avec l'immigration.

4 Answers will vary.

6.1 B: Solutions politiques à la question de l'immigration (pp112–113)

1 **Lisez les propositions de ces jeunes concernant l'immigration et remplissez les blancs avec le bon mot de la case.**

1 liens 2 facultatifs 3 obligés 4 niveau 5 valeurs 6 politique 7 développement

2 Answer will vary.

3a **Écoutez la première partie de ce reportage sur les immigrés clandestins. Notez les quatre phrases qui sont vraies.**

2, 3, 4, 7

Transcript

Bien sûr, on doit lutter contre l'immigration illégale mais il est difficile d'obtenir les chiffres des immigrés clandestins en France. Il y a plus de dix ans on a estimé que le nombre de ces immigrés sans papiers sur le territoire français était de 200 000 personnes. Aujourd'hui ce nombre a au moins doublé. L'immigration clandestine existe de deux façons. Il y a les immigrants qui arrivent en France en secret, sans les documents nécessaires, et ceux qui restent en France après l'échéance de leur carte de séjour temporaire.

Une loi passée en 2009 encourage les clandestins à exposer les passeurs d'êtres humains qui les amènent en France. Selon cette loi, les clandestins qui coopèrent avec les autorités françaises peuvent obtenir une carte de séjour temporaire de six mois. Ils peuvent s'intégrer dans la société française. Et, si l'information que le clandestin a donnée à la police conduit à une arrestation, il peut recevoir une carte de résidence de dix ans. Mais bien que la loi semble être en faveur des immigrés, un examen plus détaillé révèle que la loi, en réalité, pénalise les immigrés.

3b Answers will vary.

Transcript

L'immigration légale

— Environ 200 000 étrangers hors Union européenne sont accueillis chaque année, légalement. C'est un chiffre faible par rapport à nos voisins européens (c'est deux fois moins qu'au Royaume-Uni).

L'immigration illégale

▪ En 2015, les éloignements forcés d'étrangers en situation irrégulière étaient en hausse.

▪ En 2015, 251 filières d'immigration clandestine ont été démantelées par les forces de sécurité.

Les trois objectifs de la loi relative au droit des étrangers en France

1 Mieux accueillir et intégrer ceux qui ont le droit de s'établir en France.

2 Attirer les mobilités de l'excellence, de la connaissance et du savoir.

3 Lutter plus efficacement contre les flux migratoires irréguliers, dans le respect des droits des personnes.

— Ces trois priorités sont celles du gouvernement, depuis 2012. Elles sont claires, républicaines et consensuelles. C'est quand on perd de vue la République, ses exigences, mais aussi son Histoire et ses valeurs, que l'on crée de la confusion, du clivage artificiel sans, en définitive, résoudre quoi que ce soit.

4 **Traduisez en français.**

Suggested answers

1 Il faut / Nous devons lutter contre / combattre le nombre croissant d'immigrés / immigrants illégaux / clandestins dans ce pays.

2 La vie d'un immigrant / immigré clandestin / illégal est souvent difficile.

3 Certains employeurs utilisent les clandestins comme main-d'œuvre bon marché.

4 Des politiques radicales sont nécessaires pour réduire l'immigration.

5 Beaucoup de politiques gouvernementales en ce qui concerne l'immigration ne sont que des barrières discriminatoires / de discrimination.

5 Answers will vary.

6.2 A: L'immigration et les partis politiques (pp114–115)

1a **Lisez cette interview avec François Gemenne, spécialiste des migrations. Trouvez les synonymes dans le texte.**

1 comparable 2 rapporté à 3 territoire 4 maîtriser 5 propagé 6 en recul 7 criminel 8 ce genre

1b Answers will vary.

1c Traduisez en anglais le dernier paragraphe du texte (« Faut-il renforcer les barrières européennes? »).

Suggested answer

Should European boundaries be reinforced?

Quite the opposite / On the contrary, it would be criminal. Such an electioneering decision can only increase and perpetuate tragic events like this. It's another fantasy in which politicians live. Nowhere in the world have walls and barriers ever allowed the flow of migration to be controlled. It will just increase illegal immigration et make them [immigrants] take even more risks.

2 Écoutez ce reportage sur quelques attitudes politiques envers l'immigration. Répondez aux questions en français.

Suggested answers

1 Certains partis ont adopté des positions politiques radicales.

2 Ils proposent d'arrêter totalement l'immigration en France.

3 Les Verts veulent accueillir tout immigrant voulant s'installer en France.

4 Ils veulent permettre un droit d'asile dans le sens le plus stricte du terme.

5 Le problème est énorme et le Front national exerce une forte pression sur les Républicains, puisque ces derniers forment aussi un parti politique de droite.

Transcript

Face à l'afflux des migrants, certains partis politiques prennent des positions radicales. Pour Marine Le Pen, le droit d'asile serait une filière d'immigration déguisée. Elle souhaite le réduire de façon drastique. Sa solution: l'immigration zéro. À l'exact opposé, les Verts sont favorables à l'accueil pour tous.

Cependant, la position des autres responsables politiques est plus nuancée. Le Parti socialiste et le gouvernement disent « oui » au droit d'asile politique, mais au sens le plus stricte du terme. François Hollande demande un système unifié du droit d'asile au niveau européen. Pour Nicolas Sarkozy, la solution, c'est aussi l'Europe et une véritable politique d'immigration. Mais pour la droite, la priorité c'est d'envoyer un signal: celui de la dissuasion. Toujours à droite, Nathalie Kosciusko-Morizet se distingue et a rappelé son attachement au droit d'asile. Face à l'ampleur du problème, les Républicains ont bien du mal à trouver une position commune, notamment devant la pression du Front national.

3a Complétez les phrases avec la bonne forme du verbe au futur antérieur.

1 aura voulu   2 auront attendu   3 aurons considéré
4 auras convaincu

3b Complétez les phrases avec la bonne forme du verbe au conditionnel passé.

1 aurait pu   2 aurais entendu   3 auraient établi
4 aurions eu

4 Traduisez en français.

Suggested answers

1 En 2050 le nombre d'immigrants en Europe aura doublé.

2 Dans un monde idéal les hommes politiques auraient accepté la responsabilité d'aider ceux qui fuient le conflit dans leurs pays d'origine.

3 Le gouvernement français aurait dû être plus prudent dans l'exercice de sa politique concernant / vis-à-vis de l'immigration.

4 À six heures ce soir, elle aura fini son travail.

5 Si j'y avais pensé, je les aurais aidés.

5 Answers will vary.

6.2 B: L'immigration et les partis politiques (pp116–117)

1 Lisez le texte et choisissez la bonne réponse.

1 b   2 c   3 a   4 a   5 a   6 b

2 Traduisez en français.

Suggested answer

Le lendemain de l'annonce d'une nouvelle augmentation du nombre d'immigrés clandestins en France, les partisans du Front national se sont réunis dans les rues commerçantes de Calais pour critiquer / s'en prendre à l'inertie du gouvernement français. Environ 50 personnes appartenant à des groupes pro-migrants sont également arrivées dans les rues du port. Plusieurs rixes ont éclaté dans cette atmosphère / ambiance de tension et de désespoir en ce qui concerne / vis-à-vis le problème de l'immigration. Des renforts ont été envoyés de la préfecture de police et plus de 20 personnes ont été arrêtées.

3 Answers will vary.

4a Écoutez ce reportage sur la politique envers l'immigration adoptée par François Hollande dans son rôle de président de la République française. Indiquez vrai (V), faux (F) ou information non-donnée (ND).

1 V   2 F   3 V   4 ND   5 F   6 F   7 V   8 F

4b Answers will vary.

Transcript

« Il faut que la société française puisse être représentée avec toutes les couleurs de la France », a affirmé François Hollande, lors de son premier discours sur l'immigration. Le chef de l'État inaugurait lundi soir le musée de l'histoire de l'immigration, à Paris, sept ans après son ouverture.

Un thème, l'immigration, qui enfièvre régulièrement les débats. Sans nommer l'extrême droite, le chef de l'État a appelé à ne pas laisser « la place vide pour des discours qui instrumentalisent la peur de la dissolution, de la dislocation, de la disparition » de ceux « qui rêvent d'une France en petit, une France en dépit, une France en repli ».

À propos de l'islam, François Hollande a critiqué « la peur sciemment installée d'une religion, l'islam, qui, d'une façon inacceptable, est présentée par certains comme incompatible avec la République ». Et a appelé à « répondre » face aux « vents mauvais qui soufflent de plus en plus, en France mais aussi en Europe ».

Revenant sur la politique européenne de circulation, remise en cause par Nicolas Sarkozy ou Marine Le Pen, François Hollande s'est montré ferme sur Schengen: « Faire éclater Schengen? Ce serait reculer, rétablir les frontières pays par pays », a-t-il affirmé. Avant d'ajouter que « Schengen, c'est justement ce qui a permis à tous les pays d'Europe de s'organiser pour contrôler l'immigration ».

Le président de la République a enfin évoqué les « chibanis », ces travailleurs maghrébins devenus retraités immigrés en France, arrivés en France entre 1945 et 1975. « La loi vieillissement ouvrira la naturalisation à tous les étrangers âgés de plus de 65 ans qui ont vécu plus de 25 ans en France avec au moins un enfant français », a promis le chef de l'État. Un geste attendu par les associations depuis des années.

5 Answers will vary.

6.3 A: L'engagement politique chez les immigrés (pp118–119)

1a Lisez ces affirmations et le texte sur l'organisation SOS Racisme. Notez les cinq phrases vraies.

1, 2, 3, 6, 8

1b Answers will vary.

1c Traduisez le premier paragraphe en anglais (« SOS Racisme lutte contre… »).

Suggested answer

SOS Racisme fights racism, anti-Semitism and racial discrimination in France and abroad. SOS Racisme argues for / advocates a mixed society, peaceful social cohesion and an ideal sense of 'living together (in harmony)'. The organisation opposes xenophobic as well as nationalist arguments, extreme right-wing (political) movements, and the concept of separated and isolated communities in society.

2a Écoutez ce reportage sur l'augmentation du racisme envers les immigrés en France et trouvez des synonymes pour les expressions 1–6.

1 s'inquiète   2 panorama   3 lutte   4 déstabiliser
5 validation   6 se manifestent

2b Réécoutez le reportage et répondez aux questions en français.

Suggested answers

1   la multiplication des propos racistes
2   La permanence juridique de SOS Racisme se trouve de plus en plus sollicitée tandis que d'habitude il y a moins de demande en été.
3   à cause des attentats par l'État islamique
4   Ils ont augmenté de plus de 220%.
5   de déstabiliser la société française de l'intérieur
6   chaque acte raciste
7   l'attentat de Nice et l'assassinat d'un prêtre à Saint-Étienne-du-Rouvray
8   des personnes qui avaient déjà des opinions racistes et qui utilisent les actes de l'État islamique contre la France et les Français comme validation de leur discrimination contre les immigrés

Transcript

SOS Racisme s'inquiète de la multiplication des propos racistes. Une conséquence des attaques terroristes, selon l'association.

C'est un poste d'observation qui permet d'obtenir un baromètre assez fidèle des tensions du pays. Et le panorama qu'il offre ces jours-ci n'est pas très réjouissant. Traditionnellement peu sollicitée l'été, la permanence juridique de SOS Racisme tourne à plein régime. « Le contexte des attentats a libéré la parole et les actes racistes. La France s'enfonce dans un climat délétère, la population se divise, exactement comme le souhaitent les terroristes. »

Selon les chiffres dévoilés mi-janvier par la Délégation interministérielle à la lutte contre le racisme et l'antisémitisme qui agrège les faits déclarés par les victimes, les actes antimusulmans ont bondi de 223% entre 2014 et 2015, qu'il s'agisse de menaces ou d'actions effectivement commises.

« L'organisation État islamique cherche à déstabiliser notre société de l'intérieur. Il faut bien comprendre que chaque acte de racisme est une validation de la stratégie de Daech », insiste Dominique Sopo, président de SOS Racisme. « Ils ont conscience que nous sommes dans un pays traversé par des tensions et des failles internes. Ils mettent du sel dans nos plaies. Et plus on va activer ces plaies par des actes de racisme, plus on se signale comme une cible à frapper. » Et de conclure: « Toutes les formes de racisme et de discrimination qui se manifestent depuis l'attentat de Nice et l'assassinat du prêtre de Saint-Étienne-du-Rouvray ne sont pas le fait de néoracistes mais de personnes qui avaient déjà ces opinions et qui se sentent libres de les exprimer. »

3 **Écrivez la bonne forme du verbe entre parenthèses dans chaque phrase.**

1 travaillent   2 a été   3 aura   4 accueillait
5 voudrais / veux   6 aurait obtenu

4 Answers will vary.

6.3 B: L'engagement politique chez les immigrés (pp120–121)

1a **Lisez le texte sur l'engagement politique des immigrés et répondez aux questions en français.**

Suggested answers

1   une location pour les vacances de famille à Port-Barcarès

2   quand il a envoyé son dossier pour la finalisation du contrat

3   si Rachid était arabe

4   Il avait eu des problèmes avec des musulmans l'année précédente.

5   Il a expliqué au propriétaire que lui aussi condamnait les actes abominables des terroristes musulmans.

6   la violence du propriétaire et l'aisance avec laquelle il a justifié son refus

7   Rachid a porté plainte avec le soutien de SOS Racisme.

8   une amende de 45 000 € et jusqu'à trois ans de prison

1b **Relisez « Il ne faut plus se taire ». Trouvez les synonymes dans le texte.**

1 détendu   2 ses proches   3 tente   4 assassins
5 aisance   6 motif   7 soutien   8 délit

2 **Traduisez en français.**

Suggested answers

1   Face à des attaques racistes de plus en plus nombreuses, les immigrés ne devraient plus se taire.

2   On est / Nous sommes choqué(s) par la violence de certaines personnes qui manifestent des attitudes antimusulmanes / contre les musulmans.

3   SOS Racisme peut soutenir ceux qui veulent porter plainte légalement contre le racisme.

4   Les auteurs des actes racistes encourent jusqu'à trois ans de prison.

5   S'engager dans la politique est un excellent moyen de lutter contre le racisme.

3 **Travail de recherche. Trouvez la chanson « Les crayons de couleur » de Hugues Aufray sur Internet, écoutez-la et répondez aux questions en français.**

Suggested answers

1   Il voulait dessiner un homme comme lui quand il aurait grandi (un homme libre, fort et heureux).

2   De quelle couleur faut-il colorier cet homme?

3   rouge – les Amérindiens; jaune – les Asiatiques; noir – les Noirs d'Afrique

4   Il a essayé de dessiner l'homme mais il n'a pas réussi.

5   La couleur ne fait pas l'homme.

4a Answers will vary.

4b **Réécoutez le reportage. Reliez le début et la fin des phrases.**

1 c   2 a   3 e   4 b   5 d

Transcript

Les Nanas-Beurs, Voix d'Elles-Rebelles et Voix de Femmes, fondées par des femmes immigrées ou issues de l'immigration maghrébine, mais sans limiter leur action à ces dernières, ont pour objectif une autonomisation effective des femmes dans la sphère privée comme dans la sphère publique. Elles cherchent dans ce sens à introduire dans le débat public en France une réflexion qui associe la lutte contre les discriminations de genre et celle contre les discriminations racistes.

Elles mettent en scène différentes stratégies d'identification en situation de migration. Elles bousculent les références identitaires de façon créative, afin de répondre à des questions sociales qu'elles jugent insuffisamment prises en compte dans l'espace public. Elles élaborent ainsi un espace de médiation, mais aussi de revendication, entre communauté d'origine et société de résidence, et au sein des communautés elles-mêmes.

L'association Les Nanas-Beurs a été créée en 1985 à l'initiative d'un groupe de femmes et de jeunes filles issues de l'immigration maghrébine en vue de leur émancipation dans la société française. La naissance de l'association s'inscrit dans la dynamique des deux Marches pour l'égalité et contre le racisme, en 1983 et 1984, qui ont mobilisé femmes et hommes, issus de l'immigration maghrébine, désireux d'accéder à la citoyenneté.

L'association Voix d'Elles-Rebelles naît quant à elle en 1995, à l'initiative de Nassera Oussekine, la sœur de Malik Oussekine, un jeune qui est décédé à la suite de violences policières pendant le mouvement étudiant de 1986, alors qu'il sortait d'un club de jazz du Quartier latin à Paris.

Voix de Femmes est la plus récente des associations. Fondée en 1998 par Nadia Aboud, elle peut sembler à première vue plus limitée dans son projet et ses objectifs: la lutte contre la contrainte au mariage.

5 Answers will vary.

Résumé: Démontrez ce que vous avez appris! (p122)

1 Answers will vary.

2 Reliez les expressions 1–10 aux définitions a–j.

1 h   2 d   3 a   4 b   5 j   6 g   7 f   8 i   9 c   10 e

3 Reliez le début et la fin des phrases.

1 e   2 a   3 f   4 h   5 c   6 d   7 b   8 g

4 Remplissez les blancs avec la bonne forme du verbe entre parenthèses.

1 se mettre d'accord   2 aura   3 s'intègrent   4 est
5 se sont établies   6 luttent   7 déplorer   8 peut

Résumé: Testez-vous! (pp123–125)

1a Lisez le texte « Immigration: postures et impostures ». Choisissez les cinq phrases qui sont vraies.

1, 3, 5, 6, 7

1b Answers will vary.

1c Traduisez en anglais le dernier paragraphe.

> **Suggested answer**
>
> As for illegal immigration, it is by its very nature difficult to quantify. The highest estimates point to a 'stock' of 400,000 illegal immigrants, whereas there are 5,000 to 10,000 legal immigrants per year / 5,000 to 10,000 enter the country legally each year. Moreover, to make us believe, as Marine Le Pen does, in a 'continuous flow of illegal immigrants from Africa and the Middle East' is very exaggerated: 46% of immigrants who entered France in 2012 were born in a European country (first and foremost / particularly Portugal, the United Kingdom and Spain). Only three out of ten came from African countries.

2a Écoutez la première partie de ce reportage sur l'expulsion des Roms à Lyon en 2012. Essayez de répondre le plus directement possible aux questions et d'écrire des réponses concises. Il n'est pas toujours nécessaire de faire des phrases complètes.

> **Suggested answers**
>
> 1   Environ 80 Roms ont été évacués d'un jardin public à Lyon; en même temps, 200 autres se trouvaient passagers dans un avion à destination de la Roumanie.
>
> 2   L'évacuation s'est effectuée la veille d'une visite ministérielle à Lyon.
>
> 3   le maire du 2e arrondissement de Lyon / Denis Broliquier
>
> 4   des groupes d'individus ou de familles Roms; ils demandent l'asile
>
> 5   des personnes âgées; des femmes enceintes; de très jeunes enfants
>
> 6   le préfet du Rhône / Jean-François Carenco

> **Transcript**
>
> Coïncidence? Ce jeudi matin environ 80 personnes, dont une grande majorité de Roms, ont été évacuées d'un jardin public, place Carnot, au cœur de Lyon, tandis qu'environ 200 passagers s'en allaient prendre un charter pour la Roumanie. Le tout ayant été programmé à la veille de la venue du ministre de l'Intérieur, Manuel Valls.
>
> Depuis le début du mois de juillet, place Carnot, entre 50 et 80 personnes campent la nuit dans un petit jardin public, et enlèvent les tentes à six heures du matin quand l'arrosage public se met en route. La plupart d'entre eux avaient déjà été expulsés d'un squat situé à deux pas de là, sous la gare de Perrache. Ce matin, on leur a demandé de partir. Et la veille, c'est le maire du 2e arrondissement, Denis Broliquier (divers droite), qui avait envoyé un courrier à Manuel Valls en vue de sa visite lyonnaise vendredi, pour lui demander l'évacuation de cette place située en plein quartier huppé. Il l'avait invité à venir

place Carnot constater l'existence du campement. Il a expliqué que cette place située en plein cœur de la ville, à la sortie de la gare, et par laquelle transitent des milliers de personnes chaque jour, est squattée depuis le début de l'été par des groupes d'individus et familles demandeurs d'asiles, des Roms. Des personnes âgées, des femmes enceintes, des enfants en bas âge vivent ici pour certains depuis deux mois au vu et au su de tous, dans la plus grande précarité.

Jeudi matin, à 8 heures, le préfet du Rhône lui-même, Jean-François Carenco, a tenu à superviser l'évacuation de ce campement situé en plein centre-ville.

2b Answers will vary.

Transcript

Le préfet du Rhône a refusé de voir une quelconque coïncidence, en expliquant que l'évacuation était liée au charter pour la Roumanie qui a décollé ce jeudi. Pourtant, la veille d'une visite ministérielle, le préfet a pu se féliciter de mettre en œuvre une expulsion « sociale » qui ferait plaisir à un gouvernement de gauche: la préfecture du Rhône a travaillé avec l'association Forum Réfugiés pour reloger les squatteurs. Au total, selon Jean-François Ploquin, le directeur de cette association, ce sont vingt-quatre personnes qui dormiront à l'abri, soit à l'hôtel, soit dans des centres d'hébergement d'urgence.

Ces vingt-quatre personnes ne sont pas roumaines et ont déposé une demande d'asile. Originaires des Balkans (Albanie, Bosnie, Macédoine et Kosovo), elles sont, pour la plupart, Roms. C'est au titre de la demande d'asile qu'elles sont hébergées le temps que leurs dossiers de demandes d'asile soient examinés.

Une vingtaine d'autres Roms ont accepté « l'aide au retour volontaire » et ont décollé en fin de matinée en direction de la Roumanie ou de la Macédoine. Selon les habitants qui intervenaient auprès d'eux, plus d'une dizaine de personnes restent à la rue, pour la plupart déboutées du droit d'asile.

3 Traduisez en français.

Suggested answer

La veille d'une visite présidentielle à Lyon, plus de cent migrants clandestins / sans-papiers ont été évacués d'un campement au centre de la ville. Ces migrants campent chaque nuit (tout) près de l'entrée de la gare. L'évacuation du campement était supervisée / surveillée par la police jeudi matin. Environ 80 squatteurs roms, originaires des Balkans, ont été logés temporairement dans les hôtels en ville. Beaucoup de ces personnes avaient été déboutées du droit d'asile et ont dû accepter « le retour volontaire » en direction de / en Roumanie ou de / en Macédoine.

4 Answers will vary.

5a **Lisez le texte et trouvez des synonymes pour les expressions 1–10.**

1 association   2 confession   3 se fonde   4 vocation
5 porter assistance à   6 en détresse   7 périmètre
8 dons   9 alloués   10 frais

5b **Relisez le texte et répondez aux questions en français. Essayez de répondre le plus directement possible aux questions et d'écrire des réponses concises. Il n'est pas toujours nécessaire de faire des phrases complètes.**

Suggested answers

1   Il n'y en a pas.
2   de porter assistance aux personnes en détresse en mer Méditerranée; d'agir sans aucune discrimination
3   les hommes, femmes, enfants, migrants et réfugiés qui se trouvent en danger de mort en essayant de traverser la Méditerranée pour se débarquer en Europe
4   par des dons privés et par des subventions publiques
5   à la location des bateaux et aux frais quotidiens d'entretien et de sauvetage

6 Answers will vary.

7 Answers will vary.

A Level skills

1 Dossier cinéma: *Les Quatre Cents Coups* (pp128–129)

1a Lisez le texte et remplissez les blancs avec les mots de la liste.

1 désiré   2 littérature   3 ciné-clubs   4 spirituel
5 revue   6 violemment   7 cinéastes   8 d'auteur
9 américains   10 inventif   11 représentants
12 succès   13 emblématique   14 adeptes   15 incarné

1b Traduisez en anglais le deuxième paragraphe du texte.

Suggested answer

(First) a critic then a director, François Truffaut is one of the main representatives of the 'New Wave' of French cinema of the sixties. His first feature film, *Les Quatre Cents Coups* (1958), met with huge success and revealed / introduced the young director to the public. The film became emblematic of the 'New Wave', a term denoting a group of young film-makers (often originally critics) who were followers of *auteur* cinema, freed from the omnipotence of screenwriters. In this black and white film largely inspired by his secretive and solitary childhood, the character of Antoine Doinel appears, embodied by Jean-Pierre Léaud, who will come to be considered as the screen double of the director himself.

2 – 9 Answers will vary.

2 Dossier littérature: *Bonjour Tristesse* (pp130–131)

1a Répondez aux questions en français.

Suggested answers

1   Elle est née à Cajarc en France le 21 juin 1935.
2   Elle avait à peine 19 ans.
3   le Prix des Critiques
4   plus de deux millions
5   Elle a été bouleversée par le succès immédiat du roman.

1b Traduisez en anglais le deuxième paragraphe du texte (« Élève peu brillante … innocente et perverse. »).

Suggested answer

Not a particularly bright student, she preferred to read Jean-Paul Sartre and Albert Camus alone while regularly attending the Latin Quarter jazz clubs. She failed her university exams at the Sorbonne but, fascinated by Rimbaud's *Illuminations*, she wrote *Bonjour Tristesse* (the title taken from a verse by Paul Éluard) in a few weeks and deposited it at the office of the publisher René Julliard. In an immediate and detached style, *Bonjour Tristesse* tells the story of the awakening to love of a teenage girl who is both innocent and perverse.

2 Voici une liste des mots clefs pour parler de *Bonjour Tristesse*. Trouvez les équivalents français / anglais.

l'été (m) – *summer;* l'adolescence (f) – *adolescence;*
la pinède – *pine wood;* les conquêtes (fpl) – *conquests;*
la chaleur – *heat;* la Riviera – *Riviera;*
les relations (fpl) – *relationships;* le casino – *casino;*
le père – *father;* l'enfant (f) gâtée – *spoilt child;*
la vengeance – *revenge;*
l'accident (m) de route – *road accident;*
la petite amie – *girlfriend;* la jalousie – *jealousy;*
le remords – *remorse;* l'amour (m) – *love;*
les liaisons (fpl) – *entanglements;* la tristesse – *sadness;*
le complot – *plot;* le parent – *parent*

3 – 9 Answers will vary.

10 Traduisez en anglais cette critique qui parle de l'adaptation cinématographique de 1958 de *Bonjour Tristesse* par Otto Preminger.

Suggested answer

After Françoise Sagan's novel (which is much stronger than the film in question), this charming sketch by Otto Preminger is full of luxurious villas and sports cars, lavish dresses and high-quality jewellery, dinners in Saint-Tropez and evening activities in Monte Carlo! In the role of the poor little rich girl, Jean Seberg is permanently imprinted on our memories for her youth, her beauty, her short blond hair. Too bad the rest of the cast is not up to scratch.

3 Comprehension skills for literary texts (pp132–135)

1a Lisez cet extrait du roman *Jean de Florette* et choisissez l'expression qui a le même sens que les expressions ci-dessous tirées du texte.

1 c 2 a 3 c 4 a 5 a

1b Complétez les phrases selon le sens du texte.

> **Suggested answers**
>
> 1 …du Nord.
> 2 …chansons de Paris.
> 3 …protéger du soleil.
> 4 …courant.
> 5 …des légumes et des poules.
> 6 …regardaient Siméon de travers.
> 7 …pièges / collets / gluaux.
> 8 …vendre ses bêtes.

2a Lisez cet extrait du roman *Le Grand Meaulnes* et remplissez chaque blanc avec un mot de la case.

1 plu   2 restaient   3 calmer   4 voulait   5 connu
6 coiffait   7 voir

2b Relisez l'extrait. Vrai (V), faux (F) ou information non-donnée (ND)?

1 F   2 F   3 V   4 ND   5 V   6 V   7 ND   8 F

3a Lisez cet extrait du conte *Le Petit Prince*. Choisissez dans le texte un mot ou une expression qui a le même sens que les expressions ci-dessous.

1 à peine   2 au lever du jour   3 j'ai sauté sur les pieds
4 tout à fait   5 tout doucement

3b Relisez l'extrait et répondez aux questions en français.

> **Suggested answers**
>
> 1 Son avion était tombé en panne.
> 2 Il n'avait avec lui ni mécanicien, ni passagers.
> 3 Il avait à peine de l'eau à boire pour huit jours.
> 4 une petite voix qui disait « S'il vous plaît… dessine-moi un mouton! »
> 5 Il ne croyait pas ses yeux.

> 6 Il ne semblait ni égaré, ni mort de fatigue, ni mort de faim, ni mort de soif, ni mort de peur. / Il n'avait pas l'apparence d'un enfant perdu au milieu du désert.
> 7 pourquoi il était là
> 8 Il a répété sa phrase sans répondre à la question du narrateur.

4 Traduisez en anglais le paragraphe sur Antoine de Saint-Exupéry (« Né en juin 1900 … un immense succès mondial. »).

> **Suggested answer**
>
> Antoine de Saint-Exupéry was born in June 1900 into a French noble family. He had a happy childhood even though his father died prematurely. He became a pilot while doing his military service in Strasbourg in 1921. He drew inspiration from his experience as an aviator to publish his first novels: *Courrier sud* (*Southern Mail*) in 1929 and *Vol de nuit* (*Night Flight*) in 1931. He served in the Air Force during the Second World War and disappeared at sea along with his aeroplane in July 1944. As for *Le Petit Prince*, this charming tale, full of humanity, very quickly became a huge international success.

5a Lisez cet extrait du conte *Le Message*. Trouvez dans le texte les verbes 1–8 au passé simple. Écrivez l'infinitif de chaque verbe et traduisez-le en anglais.

1 paraître – *to seem*
2 accueillir – *to receive, to welcome*
3 être – *to be*
4 faire – *to do*
5 prendre – *to take*
6 transporter – *to carry*
7 pouvoir – *to manage*
8 prier – *to ask*

5b Answers will vary.

4 Individual research project (pp136–139)

Answers will vary.